学校の未来はここから始まる

学校を変える、本気の教育論議

木村泰子
大阪市立大空小学校初代校長

×

工藤勇一
横浜創英中学・高等学校長／前千代田区立麹町中学校長

×

合田哲雄
文部科学省科学技術・学術政策局科学技術・学術総括官

教育開発研究所

プロローグ
～座談会前の歓談にて～

木村泰子
大阪市立大空小学校初代校長

工藤勇一
横浜創英中学・高等学校長／
前千代田区立麹町中学校長

合田哲雄
文部科学省科学技術・学術政策局
科学技術・学術総括官

木村　この本のきっかけは、２０２０年２月26日に文部科学省で行われた千代田区立麹町中学校と文部科学省初等中等教育局財務課のジョイントセミナー*です。合田さんと私はそこで初めてお目にかかり、お互いに好印象だったという話を聞きつけた教育開発研究所さんから、工藤さんを交えた３人の座談会を打診されました。

合田　木村先生のことはずっと以前から存じ上げていましたが、こうして座談会でご一緒させていただくのは初めてで、とても光栄に思っています。

工藤　木村先生と私のお付き合いは長いですが、こうして同じ本に載るということについては、私としても感慨深いものがあります。

木村　そうですね。私たち、「きっと前世はきょうだいだったに違いない」って、よく話していましたからね（笑）。

合田　自律した校長として積み上げられてきた実績はお二人ともすばらしいものがありますし、何といってもマネジメントに対する考え方に共通点が多い。

工藤　「固定担任制の廃止」をはじめ、本来の目的を見つめ直しながら学校の当たり前を突き崩してきたという点で、たしかに木村先生と私には共通点が多いですね。

木村　子どもの自律性を高め、「子どもを育てる学校」から「子どもが育つ学校」にするという点も、私と工藤さんの共通認識ですね。私は工藤さんのように、カッコいい言葉は使えませんが（笑）。

合田　木村先生が大空小の校長として、工藤先生が麹町中の校長として数々の壁を突き崩し、学校教育の新しい形を社会に提起してくれたことの意義は、われわれ文部科学省サイドとしても非常に大きなことと受け止めています。

工藤　自律的に学ぶ子どもを育てるという点では、今般の学習指導要領でも、そうした方向性が示されました。当時、文部科学省の教育課程課長として、その改訂の中心的役割を担ったのが合田さん。

木村 私が文部科学省の施策をほめることなんて滅多にありませんが、今回の学習指導要領が示す方向性は本当にすばらしいと思います。私は2015年に校長を退職した後、全国各地の学校を講演で回っていますが、「この学習指導要領は、学校が変わる大きなチャンス」と言い続けてきました。

合田 当代の教育界のスターでいらっしゃる御両所からそうおっしゃっていただけるのは本当にありがたいことだと思います。私も今回の改訂の担当課長として、その目的・ねらいが現場に正しく伝わるよう、あらゆる機会を使って説明をしてきました。

木村 2020年4月には小学校で新学習指導要領が全面実施されましたが、その矢先にまさかのコロナ禍。私の講演やセミナーも、すべてオンラインに変わりました。

工藤 学校関係者にとっては、本当に大変な1年となりました。ただ、これも「当たり前」を問い直し、新しい学校教育の形を築いていくうえで、一つの契機になると私は考えています。「履修主義」「修得主義」という言葉も聞かれるようになりました。

合田 2021年1月26日に「履修主義」「修得主義」「個別最適な学び」など、今後の学校教育を形づくる大事なテーマについて、中央教育審議会から答申が出ました。文部科学省には答申で提言された事項を確実に実施すべき大きな責任があります。

木村　コロナ禍による一斉休校は、学校とは何かを冷静になって捉え直すうえで、私もよい機会だったと思います。一方で、現場の状況を見ると、遅れを取り戻そう、元に戻そうと必死になっています。

工藤　その背景には、全国の学校が何十年間にもわたり、学習指導要領に基づき、教科書をただなぞるような授業をしてきたことがありますね。

合田　学習指導要領の改訂にかかわってきた立場から、工藤先生のご意見に全く同感です。学習指導要領や教科書は「なぞる」のではなく、正しく読み解いて「使いこなす」ようにしてほしいと心から思っています。

木村　その意味では、子どもだけでなく、教師も自律しなければなりませんね。

工藤　さらに言えば、学校も自治体も、自律しなければなりません。そして、各々が自律できるような仕組みを構築していく必要があります。

合田　この座談会では、せっかく木村先生、工藤先生というカリスマ的な実践家にご参加いただいているわけですから、単に批評をするだけでなく、議論を深めながら学校教育が変わるために何が必要か、具体的なロードマップを描けたらいいなと思います。

木村　私みたいに行政に反発し続けてきた人間が、こうして合田さんと話をするのが不思議な感じです。失礼なことも言ってしまうと思いますが、どうか許してくださいね（笑）。

合田　ぜひ、本音でお願いします（笑）。編集部には、「忖度なし」で一言一句、すべて書き起こしていただきましょう。お二人がその教育観をどのように築いてきたのか、個人的なエピソードもぜひお聞かせください。

工藤　今回の座談会、私もとても楽しみです。実を言うとこれまで、教育関係者が集う座談会などはどちらかと言えば苦手でした。論点が全くズレた人とは、いくら議論をしても話が平行線で深まりませんから。でも今回は、木村先生、合田さんというメンバーを聞いて「断る理由はないな」と思いました。

木村　事前に編集部からレジュメをいただいていますけど、これに目を通している矢先から、もう言いたいことが山のようにあります（笑）。

工藤　「コロナ禍」「個別最適な学び」「履修主義と修得主義」「自律」「合意形成の手法」など、今とこれからの学校教育を考えるうえでのキーとなる言葉も、たくさん並んでいます。

合田　最終的には、「何が問題か」というレベルから、「何をどう変えていくか」という政策的なレベルにまで到達させたいですね。どうぞよろしくお願いします。

木村・工藤　よろしくお願いします。

※本書は２０２０年8月11日～8月30日の、計４日間にわたって開催された座談会を『教職研修』編集部が再構成したものです。

＊千代田区立麹町中学校研究発表会の動画は、こちらからご覧になれます。

https://www.youtube.com/watch?v=ExSwZ-uC5ms&t=262s

目次

論点2

子どもたちの「学び」はどう変わっていくのか

2章 これからの学校、教職員

論点3

「多様性社会」に向けて必要な教育のあり方

論点4

これからの時代の教員はどうあるべきか

3章 ロードマップを描く

論点8 どのような制度・システムを整えていくべきか

1章

コロナ禍で
見えてきたこと

論点 1

「コロナ禍」は学校に何をもたらしたか

2020年3月、全国各地の学校は新型コロナウイルス感染症による一斉休校に突入し、約3ヵ月間にわたって子どもたちが学校へ来られない日々が続きました。そうした日々のなかで、学校にはどのような変化が生じ、どのような課題が浮き彫りになったのか。まずは、今回のコロナ禍の振り返りから——。

新型コロナによる休校期間をどう過ごしたか

工藤　私は、コロナ禍のただ中の3月末に❶**千代田区立麹町中学校**の校長を退任し、4月からは私学の❷**横浜創英中学・高等学校**の校長になりました。メディアでは何度か、その間のオンライン授業等が取り上げられま

❶2014年4月から2020年3月まで6年間校長を務め、宿題の全廃、定期テストの廃止、固定担任制の廃止などを行い、その取り組みは新聞や雑誌、テレビなどでも取り上げていただきました。この学校では、子どもの自律性を高めることに重きを置いた教育を展開してきました。

❷1940年創立の私立中高一貫校です。建学の精神は「考えて行動できる人」の育成。いわゆる併設型の中高一貫校ですが、高校が1学年500人

したが、本校は決してＩＣＴの面で進んでいたわけではありません。そのため、着任直後からこれを一気に推し進める必要がありました。結果的に、1ヵ月もかからずに教職員のＩＣＴスキルは大幅に向上し、子どもたちや保護者から信頼を得ることもできたと思っています。

木村　今回のコロナ禍で、私自身も大きく変わりました。対面での講座・セミナーなどが、すべて「オンライン」で行われるようになりましたからね。これまではパワーポイントすらろくに使えなかった私が、こうやってZoomで皆さんと話しているんですから、我ながら驚きです。

先日は、オンラインで８００人もの参加者を相手に講演をする機会もありました。自分がこれまで積み重ねてきたことを大事にしつつ、新たなことにもチャレンジしていく。私自身がそうであるように、学校教育も同じような状況に直面しているように思います。

合田　安倍総理（当時）が全国の教育委員会や学校に❸**休校要請**を出した

以上もの生徒が在籍するマンモス校である一方、中学校は、現時点では1学年2クラスと少人数体制での指導を行っています。現在、2022年度に向けてカリキュラム等の大規模な再編成作業を行っています。

❸国に、公立学校や私立学校を休校にする権限はありません。そのため「要請」というかたちで出されましたが、実際には大半の学校がこれに従い、2019年3月4日時点で公立の小・中学校は99％、特別支援学校は95％が休校となりました。

のは、2020年2月27日でした。萩生田文部科学大臣が国会（3月6日衆議院文部科学委員会）で答弁しているとおり、「文部科学省としては、当初、2週間、休校するとしても2週間程度でいいのではないか、あるいは、（……）インフルエンザと同じように、事態が進行した自治体から順次的確に対応していくことでいいのではないか、全国一斉の必要はないんじゃないかという思いも正直」ありました。

安倍総理の3月2日から春休み明けまでの休校要請は、つまるところ春休みが明ける4月になるまでの間で先生方が子どもたちと向き合える日が、要請翌日の2月28日（金）しかないということを意味しましたから、たいへんとまどいましたし、年度末の学年最後の学びや卒業式などに先生方や子どもたちがどんな思いを抱いて向かい合っているかに思いを致し、財務課長席で大きな声をあげてしまったことをよく覚えています。

萩生田大臣の「27日に断続的に官邸、総理とも相談をする中で、総理としては子供たちをとにかく守りたいという思いが、熱い思いがありました。私（萩生田大臣）としてみれば、やっぱりこれだけのことをやるとすれば、各自治体にあらかじめ連絡をして準備をしていただかないと大変な混乱が起こるんではないかという思いがございました」という答弁（3月10日参議院文教科学委員会）どおりでしたね。

しかし、「確かに、科学的な一斉休校の必要性というものも総理側もなかなか説明はできなかったんですけど、私も科学的に休校をしなくてもいいということの反証もなかなかしづらかったという中で、最後は子供たちの安心、安全を最優先」（萩生田大臣の同日の答弁）しました。あの段階では、新型コロナウイルスについては科学的にまだわかっていなかったことが多く、学校でクラスター感染が発生して子どもたちの生命が危険にさらされることだけは避けねばなりませんでした。そのため、全国の教育委員会と連絡をとりながら、官邸の方針をふまえて、一斉休校への対応を進めました。

一斉休校期間に見えてきた課題

工藤　新型コロナウイルス感染症による一斉休校は、日本の学校教育が長年抱えてきた課題を浮き彫りにしたと思います。一つは、学力観の問題。約3ヵ月もの休校を余儀なくされるなかで、日本では学習の遅れをどう取り戻すかが大きな議論となっています。

しかし、海外では日本ほどその点が問題視されていません。もちろん、④**日本の学校のICT環境が、海外に比べて遅れている**という問題もあるとは思いますが、そもそも日本と海外では学力観が違います。日本では、少しでも多くの知識を注入して、それを解答用紙にアウトプットすることが求められていて、この学力観から抜け出せないがために、「遅れをどう取り戻すか」という発想に陥っているのです。⑤**大学入試改革**がいっこうに進まないのも、この学力観が背後にあるからだと思います。

二つ目は、日本の子どもたちが「自律できていない」という問題です。私が6年間校長を務めた麹町中学校では、生徒たちが自律的・主体的に学んでいけるようなかたちで、学び方の転換を図ってきました。その結果、今回の休校期間中、学習が遅れていることへの不安や不満が出たという話は聞いていません。同校の生徒たちの多くは、この状況下で何を

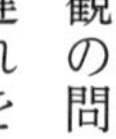

④国際学力調査「PISA2018」には、授業でデジタル機器を使う時間の国際比較が載っていますが、日本はどの教科でも軒並み低く、国語や数学はOECD加盟国中最下位でした。世界各国でICTの活用が進むなかで、日本の学校だけが黒板とチョークを使った従来型の授業をしているような事実が明らかになったと言えます。

編

⑤偏差値主義からの脱却を目指した大学入試改革は、臨時教育審議会（1984〜1987年）の時代から進められてきま

すべきかを自分の頭で考え、仲間とネットワークをつくるなどして、主体的に学んでいました。

一方で、全国の多くの子どもたちは何をすればよいかわからず、右往左往しました。そして、その様子を見た保護者は慌てふためき、学校や教育委員会に不満をぶつけ、マスコミがそれを煽りました。それは、「言われたことをやり続ける」教育によって、子どもたちの主体性が奪われてきたからです。

子どもを「育てる」学校から、子どもが「育つ」学校へ

木村　工藤さんも言うように、今回のコロナ禍は、日本の公教育が抱えてきた諸課題を浮き彫りにしました。問題の根本は、日本の教育が子どもを「育てる」ための仕組みをつくってきたことです。「育てる」の主語は「教師」。これでは、教師の「当たり・はずれ」によって、子どもは育ったり、育たなかったりします。

私が9年間校長を務めた⑥**大阪市立大空小学校**は、そんな「当たり・は

したが、30年以上が経った今も大きくは変わっていません。2019年末に、英語の民間試験活用、国語と数学の記述式問題の実施が先送りとなったのは記憶に新しいところです。

⑥大阪市住吉区にある公立小学校で、私は2006年4月の開校時から2015年3月まで9年間、校長を務めました。障害のある子もない子も全員が同じ教室で学び、教職員や地域住民が一体となって子どもたちを見守る「みんなの学校」として、ドキュメンタリー映画にもなるなど関心を集めました。

ずれ」のある学校はやめようという問題意識からスタートしています。大切なのは、子どもを「育てる」学校から、子どもが「育つ」学校へとシフトしていくことです。

子どもが「育つ」学校であれば、今回の休校期間中も、「授業時間をどう確保するか」とか「教科書をどうやって終わらせるか」などとは考えなかったと思います。私が校長を務めていた頃の教職員なら、きっとこの状況下で自分たちに何ができるかを主体的に考え、この状況をチャンスと捉えていたでしょう。

今、学校は大変な状況にあります。でも、「大変」という言葉は、「大きく変わる」という意味でもあるんですよね。工藤さんが[7]**あの本**に書いた「当たり前をやめる」に、まさに今、多くの教育関係者が直面していることだと思います。一斉休校というピンチをどうチャンスに変えていくべきなのか、そんなことを考えています。

合田　木村先生がおっしゃるとおり、感染症の歴史をひも解くと、ペス

編

⑦『学校の「当たり前」をやめた。』（時事通信社）という工藤先生の著書です。2018年12月に発刊し、教育界では異例といえるほどのベストセラーとなりました。

⑧1347年から1351年までヨーロッパを中心に猛威を振るい、当時のヨーロッパの人口の3分の1が命を落としたと言われています。当時は「黒死病」と呼ばれていました。

トやスペイン風邪などの感染症は、社会が「大きく変わる」契機となってきました。たとえば、アセモグルとロビンソンが『国家はなぜ衰退するのか』（早川書房、２０１３年）で描いているように、⑧**14世紀に欧州で始まったペスト禍**では、農奴の約半分が亡くなり、封建社会が維持できなくなったことが、結果として、民主政と産業革命を土台とした近代社会への転換へとつながったと指摘されています。

近代国民国家にふさわしいかたちで近代学校制度も整えられ、１５０年前には当時最先端のメディアであった紙の教科書と黒板・チョーク、ノートと鉛筆などを使った一斉講義形式の授業、「⑨**見える学力**」を測るペーパーテスト、同一年齢によるクラス編制なども導入されました。

当時はこうした教育システムが、封建社会を打ち破り、身分に関係なく能力のある子どもにチャンスを与える「希望の光」だったわけですよね。わが国の場合も明治期から戦後の高度経済成長に至るまで、⑩**約150年間**にわたり「みんなと同じことができる人間」を育てるうえで、近代学校制度が大きな成功を収めてきました。

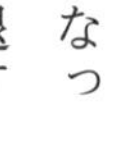

⑨一般に、「見える学力」とはペーパーテストなどでその成果が可視化できる力を、「見えない学力」とは自己肯定感、粘り強さ、他者に対する思いやりなど可視化しづらい力や態度を意味しています。なお、「知識の体系」であった学習指導要領を「資質・能力の体系」に転換した2017年改訂においては、この「見える学力」についての評価も選択回答式（客観テスト式）問題だけではなく、小論文、観察・実験レポート、プレゼンテーションや討論、演奏などに対する「パフォーマンス評価」も重視する方向を打ち出しています。

しかしながら、サイバー空間の増大に伴いわれわれの社会生活が変わっていくのだという認識のもと、政府では2015年頃から[11]「Society5.0」[12]「データ駆動型社会」[13]「知識集約型社会」などと、社会の構造的変化をさまざまな角度から表現し、発信してきました。それでも、多くの人々にとっては他人事。文部科学省初等中等教育局にいた私も、初中教育に対する構造的なインパクトは頭では理解していたものの、心の底から自分事として捉えていたとは自信を持って申せません。それが今回のコロナ禍で、テレワークやオンライン授業が一気に普及し、私を含む多くの人々が他人事ではいられなくなったわけです。

この社会の構造的な変化や変革を突き詰めて考えると、「他人と違う」ということに意味や価値がある時代に変わったのだと思います。そうなると、木村先生がおっしゃっていたように、主語が大人の「育てる」学校から、主語が子どもの「育つ」学校へ、他律的な学びから自律的な学びへと転換しなければなりません。あたかも、ペスト禍で封建社会が近代社会に転換していったのと同様、今回のコロナ禍でも子どもの学びが

[10]元号が明治に変わったのが1868年。2018年は明治維新150周年で、多くの関連行事が行われました。学校教育については、1872（明治5）年の「学制」発布が、近代学校制度のスタート地点と言われています。

編 [11]狩猟社会（1・0）、農耕社会（2・0）、工業社会（3・0）、情報社会（4・0）に続く「超スマート社会（5・0）」のことをこのように表現しています。「サイバー空間（仮想空間）とフィジカル空間（現実空間）を高度に融合させたシステムにより、経済発展と社会的課題の解決を両

「大きく変わる」状況に直面しています。
　私が学習指導要領の改訂を担当させていただいた2017年当時は、[14]**前文**に掲げられた「持続可能な社会の創り手」という言葉も、どこかきれいな抽象的なメッセージだと思われていました。しかし今、コロナ禍に直面するなかで、まさに「持続可能な社会」を築いていくことが、子どもたち一人ひとりにとって具体的でリアルな課題になってきています。

自律的に判断できるかできないか、二極化したリーダーの対応

木村　コロナ禍のなかで私自身が感じている現場の変化は、ここ数ヵ月の間、学校現場が「二極化」しているということです。何が二極化しているかというと、リーダーたる「校長の行動」がです。
　一斉休校という不測の事態に直面するなか、自校の子どもたちにしっかり向き合い、必要な支援を講じている校長もいれば、教育委員会の指示をただ待っているだけの校長もいます。なかには、「運動会を開催するのかどうか、早く決めてほしい」などと[15]**教育委員会に判断を求める校長**

立する、人間中心の社会（Society）」と内閣府が定義しています。

編
[12]「データ駆動型」とは、データを元に行動を決めたり意思決定をしたりすることです。経済産業省は、「CPSによるデータ駆動型社会」として、「実世界とサイバー空間との相互連関（Cyber Physical System）が、社会のあらゆる領域に実装され、大きな社会的価値を生み出していく社会」と定義しています。

もいます。なぜ、その校長がそんなことを言うのかというと、「隣の学校が開催するのに、うちの学校がしなければ文句を言われるから」という理屈です。要は、文句が出ないための学校経営をしているというわけです。

一方の教育委員会も、自律しているところとそうでないところがあります。自律していない教育委員会は、文部科学省の指示をそのまま現場に伝え、従わせようとしています。それに対し、自律している校長からは不満の声があがっています。一方で、自律している教育委員会関係者のなかには、教育委員会に判断を求めてくる校長に対する不満があります。

合田　今回の一斉休校では、文部科学省はもちろんのこと、都道府県教育委員会や市区町村教育委員会、学校というそれぞれの組織のなかで、あるいはこれらの組織の間で、さまざまなディスコミュニケーションが生じ、結果的に「これに従っておけばいいのだ」というような意識や流

編 ⑬知識やデータをベースとした新たな「コトづくり」が、生産性の向上や高い付加価値の創出を実現する社会のことです。

編 ⑭新しい学習指導要領では、初めて「前文」が置かれ、教育基本法の理念を実施していくうえでの考え方が示されました。

⑮言うまでもなく、運動会の実施時期、開催や中止などは、教育委員会規則などでは定められていません。学校長が、学校や地域の事情も考慮しながら、自身の責任のもとで判断すべきことです。

れが色濃くできてしまったように思います。今回のような予測不可能な状況下では、木村先生や工藤先生のように自律的に判断し、行動する学校ばかりではなく、ＩＣＴ環境の未整備や既存のルールの前で思考停止してしまった教育行政や学校が少なくなかったという現実を痛感しました。

木村　教育委員会も校長も、上からの指示にそのまま従うだけなら意味がないですよね。ただ指示に従うだけなら、それこそＡＩにでもやらせればいいんですよ（笑）。

自律的に判断できるリーダーであれば、自校の教職員と話し合いながら、運動会を開催するかどうかを自分たちで判断するでしょう。たとえ教育委員会が管轄の学校で一律に開催中止を通達した場合でも、校長が自校の子どもたちに必要と認めれば、「運動会」という名称を用いずに開催するなど、ほかの方法を探ると思います。でも、私が見る限りこうしたリーダーはごくひと握りでした。

自律的に判断できない校長のもとでは、職員室が分断されていきます。

「教育委員会の指示だから」という校長の言葉を素直に受け入れる教員もいれば、納得がいかずに反発する教員もいるからです。以前から、こうした構図は少なからずありましたが、今回のコロナ禍でリーダーの対応が二極化するに伴い、職員室の分断も顕著になっているように感じます。

合田　1990年代から、「アカウンタビリティ」という言葉がよく聞かれるようになりました。日本では「説明責任」と訳されていますが、この言葉は本来、医師や教師などの専門家が専門性に基づいて判断することを尊重し、その専門性を前提に判断の根拠を可能な限りわかりやすく説明していくことを表したものです。

各専門家には「目的」が与えられており、それを達成するためには外部から多少の疑問や異論があろうとも、その専門的な判断に委ねられていました。教師であれば、子どもたちの⑯**自立**や、当事者意識の確立といった「目的」があり、その実現に向けて専門家たる教師が、教育活動の中身を決めていくといった具合にです。

⑯ 41頁でも述べていますが、木村先生・工藤先生が使われている、自分で考えて行動するという意味での「自律」を含む意味で、私は教育基本法の規定をふまえ「自立」と表現しています。

ところが90年代、⑰**官僚の不祥事等**が大きく報じられ、これまで行政のプロ、専門家だと思われていた官僚への信頼が社会的に低下したことが一つのきっかけとなって、クライアントが専門家の専門性を否定して何から何まで説明を求めようとする風潮が強まりました。

もちろん、万人に納得のいく説明などはできません。その結果、先ほど木村先生の話にあったように、「文句を言われるから」という理由で運動会開催の是非を判断しようとするような校長先生が現れるようになったわけです。同じような行動をする官庁の官僚も決して少なくありません。アカウンタビリティとセットになっていたはずの専門性が溶解していると申し上げていいと思います。

子どもたちの教育を担っている文部科学省も教育委員会も学校も、白黒二元論で考える「世間様」に文句を言われないよう、細心の注意を払うなかで思考停止に陥ることが少なくありません。たとえれば、お行儀のいい飼い猫がお外に出て、あっちの猫にケンカをしかけられ、こっちの犬に吠えられて逃げ回るなかで、お家に帰れなくなってしまった状況

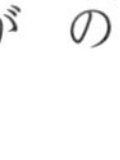

⑰たとえば、1998年には大蔵省（当時）の職員が銀行から接待を受け、数人の官僚が逮捕・起訴される事件がありました。当時この事件は、接待を受けた店のサービスから「ノーパンしゃぶしゃぶ事件」などと揶揄され、世間から大バッシングを浴びました。

です。

　その意味でも、この機会に今一度、教育の「目的」がどこにあるのかを徹底的に捉え直して、専門家集団である教師が、目の前の子どもと向き合いながら専門性をもって自律的に判断し行動できるようにしていく必要があります。そして、文部科学省や教育委員会、管理職は、学校現場がそうした判断をしていくうえでの⑱**緩衝材（バッファ）的な役割を担っている**ことを改めて認識しなければならないと思っています。

コロナ禍で取り組んだ「当事者意識」の向上

工藤　横浜創英の校長に着任後、意識的に取り組んだのは、教員、保護者、生徒の「当事者意識」を高めることです。

　教員については、着任してすぐの4月1日に約80名全員を集め、グループ単位でブレインストーミングを行い、休校期間中に起こり得る出来事とその対応について話し合いました。各教員が意見を出し、ディスカッションを通じて合意形成を図るなかで、少しずつ当事者意識が芽生えて

⑱たとえば、保護者から教育委員会にクレームが入ったときに、学校の専門的、自律的判断を尊重したうえで、学校の考え方や実践について丁寧に説明し、理解を求めるなどの対応が考えられます。

いきました。

教員については、休校期間中も大半が出勤していたので、リーダーががんばればそうした取り組みが可能でした。一方、保護者や生徒の当事者意識をどう醸成していくかは、この状況下で非常にむずかしい課題でした。麹町中学校と違い、横浜創英には[19]**生徒や保護者が学校経営に直接的に参画する仕組み**がまだありません。

こんななかでも当事者意識を持ってもらうためには、やはり校長として情報を発信し、説明責任を果たしていくしかないと考えました。コロナ禍にあって、学校が何をしようとしていて、どんな課題を抱え、どんな支援を必要としているのか。そうした情報を保護者向けに、これまでも使っていた一斉メールやホームページに加え、新たにZoomやYouTube限定動画などを駆使して逐一発信しました。また、すべての学年に電話とメールを用いた相談窓口を設置し、保護者からの個別の疑問に随時答えられるようにしました。

新型コロナウイルス感染症については、「警戒しすぎ」と言う人もいれ

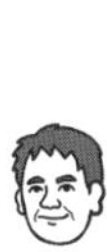

⑲麹町中学校では、生徒会が主体となって体育祭や文化祭などの学校行事を企画運営するだけでなく、生徒や保護者が共同で校則や制服をリニューアルしたり、学校運営協議会に参加したりといったかたちで、直接的に学校経営にかかわっていました。また、保護者と学校が共同で部活動の運営等も行っていました。

ば、「もっと警戒すべき」と言う人もいます。ですから、学校としてどのような立場をとり、どう対応しようとしているのかについて丁寧に説明しました。1~2日の頻度で新しい情報を発信しましたし、ときには今日出した情報を翌日には更新・訂正するなど、とにかくタイムリーに情報を流し続けました。

そのうち、動画やオンラインを使った情報発信は次第に生徒たちの姿にも変化をもたらしました。**新入生**[20]向けの部活動説明会は、生徒が主体となってZoomで開催しました。また、すべての部が活動紹介動画を制作し、YouTube上に限定公開しました。放送部が昼間にラジオ放送を始めたり、バトン部が応援動画をつくって配信したりといったこともありました。映像制作のプロが保護者のなかにいらして、生徒の動画制作をサポートしてくれたりもしました。

このように積極的に情報公開するなかで、生徒も保護者も学校の応援団となり、当事者意識を持つようになってくれました。

⑳本校は併設型（同一の設置者による中学校と高校を接続して6年間の一貫教育を行います）の中高一貫校のため、中学から入学してくる生徒もいれば、高校から入学してくる生徒もいます。

当事者意識を持つのがむずかしい現状

木村　コロナ禍以前から、今の日本の小学生の多くは、6年間、「縦社会」「封建社会」「画一社会」のなかで、「先生の言うことを聞きなさい」「廊下は右側を歩きなさい」「質問をされたら『はい』と答えなさい」と言われ続けて中学校へ進学します。そんな子を主体的に学ぶ「当事者」にするには、中学校に入学して1年生から2年生の途中まで、1年半の「巻き戻し」の期間が必要だと、以前、工藤さんはおっしゃっていました。

同じことは、幼稚園から入学してくる小学1年生についても言えます。文部科学省が、幼児期に育んでほしい姿を「**10の姿**[21]」として示していますが、これは目的ではなく手段に過ぎません。でも、幼稚園のリーダーによっては、「この姿を目指さないと、園に子どもが集まらない」と捉えてしまうでしょう。そして、その姿に当てはまらない子は「ダメな子」「迷惑な子」「大変な子」として園から排除され、たとえ園に残ってもそうしたレッテルを貼られたまま、小学校へと進学します。そして、小学校で当事者意識を持つための「巻き戻し」が必要となる。

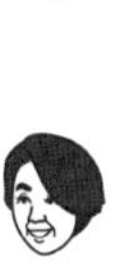

㉑文部科学省が発行する「一人一人のよさを未来へつなぐ―学校教育のはじまりとしての幼稚園教育―」というパンフレットの中に「健康な心と体」「自立心」「協同性」「道徳性・規範意識の芽生え」など10項目が示されています。

管理的で画一的な教育をしている園から来る子どもは、まるでミニ先生のように、「背中ピン」や「手はお膝」などと、みんなが同じことができなくてはダメだと周りの子どもに教えます。まさに、「困っている子」を「困る子」と見るわけです。ただ、小学校の場合は1ヵ月もあれば「巻き戻し」は可能ですけど。

合田　今の子どもたちは、SNSへのリアクションが少しでも遅れるといじめに遭うなんて話も聞きます。㉒**スマホが24時間追ってくる子どもたちの生活**は、われわれには想像できない同調圧力にさらされています。他方で、社会の構造的変化のなかで、個人の主体性や自立がますます大事になってきている。「自分と他者とは違う」ということを受け止められる力を子どもたちが育んでいかねばならないゆえんですね。

先日、㉓**岡山県立瀬戸高校**の探究学習の発表会にオンラインで参加させていただいた際、アフリカ布とデニムのコラボ商品を開発しているある女性の生徒さんが「私は、空気を読むことから自由になれた。そうじゃ

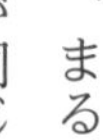

㉒内閣府の2020年の調査によると、インターネットを利用している高校生の91・9%、中学生の65・6%、小学生の37・6%がスマートフォンを利用しています。

㉓岡山県立瀬戸高校では、これからの社会に必要な6つの力（受け取る力・伝える力・つながる力・考える力・見つける力・より良くなろうとする力）の育成を目指したさまざまな取り組みを行っています。

ないとイノベーションは起こせない」と話していました。

また昨年、サポーター（審査員）として参加した「[24]**全国高校生マイプロジェクトアワード2018**」では、盲導犬アプリの開発、アヒル農法、避難経路の周知、ジオパークの自然保全といった社会的課題を自らのアイディアと行動で解決するマイプロジェクトについて、自分自身の言葉で語る高校生に30年前の私とは比ぶべくもなく圧倒されましたが、そのなかでも、郷土の自然をテーマにしたある高校生が、「クラス全体の雰囲気とは距離を置き、それに流されずに自分の頭で考え、メンバー同士が対等に対話したからこそ、特定外来生物という独自の着眼に至ることができた」と言っていました。

今の子どもたちは、それだけ同調圧力にさらされ、大変な思いをしていると実感しました。自立こそ学校教育の重要な目的ですが、場の空気、ノリ、序列などにとらわれ、自分の頭で考え抜き対話を重ねることを見失っている私を含めた大人は、改めてこの教育の原点に立ち返るべきだと痛感しましたし、こうした実態を考えても、お二人がおっしゃったよ

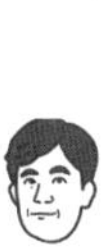

[24]「マイプロジェクト」とは、身の回りの課題や関心をテーマにプロジェクトを立ち上げ、実行することを通して学ぶ、実践型探究学習プログラムです。マイプロジェクトアワードは、探究学習・マイプロジェクトを実行した全国の高校生が一堂に会し、プロジェクト活動を発表する、日本最大級の「学びの祭典」です。

うな取り組みは非常に大切だと思いました。

休校期間を経て、改めて学校の「目的」とは

工藤　学校の「目的」については、木村先生が最初に話されたとおり、主語が子どもであること、子どもを「育てる」のではなく、子どもが「育つ」学校をどうつくるかという視点で考えていくことが重要です。

整理すると、大きく二つに集約できると私は考えます。一つは、社会でよりよく生きていくための資質を多様な経験を通じて身につけていくこと、もう一つは子どもたちを持続可能な社会の担い手としていくことです。

実は、新学習指導要領が掲げる「㉕**主体的・対話的で深い学び**」の目的も、この二つの目的の達成のための「手段」として位置づけられます。「主体的な学び」とは、子どもたちを「当事者」にすることでもあります。当事者になることで、「持続可能な社会の創り手」となることが求められます。

編　㉕新しい学習指導要領のキーワードの一つで、「アクティブ・ラーニング」とも言われます。各学校・教員は、この視点から各教科の授業を改善していくことが求められています。

また、「対話的な学び」は、多様な考えを持つ者同士が、対話を通じて合意形成を図っていくプロセスです。これは非常にむずかしいことですが、その延長線上に持続可能な社会があり、**SDGsが掲げる17のゴール**[26]があるのです。でも、今の「主体的・対話的で深い学び」は、それを実施すること自体が目的化しているように思えてなりません。

木村　子どもが学校に来る目的は一つしかありません。それは、「自分をつくるため」です。学校には、自分とは違う他者がたくさんいますが、そうした他者とのかかわりを通じて、自分をつくっていくことです。

子どもですから、イライラして相手をたたいたり、暴言を吐いたりすることもあります。でも、そうしたトラブルがあるからこそ、子どもたちは「自分をつくる」ことができるのです。その意味で、学校は子どもがドロドロした思いもすべて安心して吐き出せるようにする必要があります。起きたトラブルを「いじめ」にしてしまうのか、「生きた学び」に変えられるのかは、教師次第です。

編 [26]「Sustainable Development Goals（持続可能な開発目標）」の略称で、２０１５年９月の国連サミットで採択されました。「貧困をなくそう」「飢餓をゼロに」「すべての人に健康と福祉を」「質の高い教育をみんなに」など、全部で17の目標（ゴール）が掲げられ、探究学習などで取り入れている学校も数多くあります。

学校を一本の木にたとえれば、多くの学校は「自校がどんな木になろうとしているのか」ばかりを考えています。しかし、その木は実は、森の中にたくさん生えているうちの一本に過ぎません。大切なのは、森という「未来」を見据え、そのなかの一本の木として自分たちのあり方を考えていくことです。

大空小学校は、まさにそんな学校でした。子どもたちの未来を見据えながら、教員同士で常に「本当にこれでいいのか」と対話をし続けました。たとえば、腹が立つとすぐに机を蹴飛ばしてしまう子がいましたが、どうすればその子が机を蹴飛ばさなくなるのか、その子は何に困っているのかをその子に教えてもらうことが、まず教員のはじめの行動でした。次から次に起きるトラブルに、教職員が皆で知恵を出し合いました。そして、「そうしたトラブルも、子どもが生きた学びを得るチャンス」と前向きに捉え、保護者や地域住民も巻き込むかたちで学校づくりを進めていきました。

合田　今、お二人が指摘なさった「学校教育の目的」は、教育基本法や学校教育法という法律において、国民の意思として明確に規定されていますね。たとえば「義務教育の目的」について教育基本法5条2項は、社会において自立的に生きる基礎を培うことと、国家・社会の形成者としての基本的な資質を養うことだと定めています。

この規定は、まさにお二人がおっしゃるとおり、義務教育は、子どもたちが「持続可能な社会の創り手」として、多くの他者に適切に依存できるという意味で自立し、当事者意識を持って他者と対話し、協働する力を育むことを目的にしていると定めているのにほかなりません。本来「自律」と「自立」は語義が異なりますが、お二人はこの意味で「自律」とおっしゃり、私は教育基本法の規定をふまえ「自立」と表現しておりますので、意味は重なっているとご理解ください。

学習指導要領は、これらの法律に定める学校の目的を実現するために文部科学大臣が官報に公示する「**告示**[27]」という行政文書で、そこに定められている教科等の内容事項は、法律に定められた教育の目的を実現す

㉗法令は、法律・政令・省令・告示という構造になっています。このうち立法府である国会での審議を経て制定されるのは法律のみで、それ以外は行政府である内閣や各省庁によって制定されます。

るための手段です。

教育課程編成権を持つ校長は、目の前の子どもたちの状況をふまえて学習指導要領に示す内容に思い切ってメリハリをつけることができ、2021年1月26日の中央教育審議会の答申では教科等ごとの授業時数配分の弾力化などいっそうの裁量拡大についても提言されています。

その際、教育基本法や学校教育法において示されている国民の意思は、教育委員会や校長、教師に対して、これらの裁量を、子どもたちの「明日のテストの点数」という短い期間の㉘**コスパ**のためではなく、未来社会における子どもたちの自立と協働のためにフル活用することを求めていることに、私たち教育関係者は思いを致す必要があると思います。

編 ㉘コストパフォーマンスの略。支払った費用（コスト）と、それにより得られた効果（パフォーマンス）を比較したもので、費用対効果とも言われます。

各論点のポイントをグラレコでまとめてみました！

グラレコとは？

グラフィックレコーディングの略で、会議などの場での会話を絵と文字を使って視覚化して、参加者に共有する手法です。

グラレコは各論点の終わりにあります。
本書への理解を深めるのにぜひお役立てください！

← 論点1のグラレコは次のページから始まります。

これまでは
同調圧力
指示待ち
横ならび
これからは
「自分と他者はちがう」
Me!
自立
主体性
「当事者意識」
Point 3
改めて
学校の目的とは?
Point 4
他者に
適切に
依存
自立
当事者意識
協働
自律
対話
持続可能な
社会の担い手
自分をつくる
「手段としての」
学習指導要領

論点1
コロナ禍は学校に何をもたらしたか
課題
Point 1
自律的ではない子どもと組織
今まで
つめこむ
知
知
知
偏った学力観
見える学力
自律的に学べない子ども
わからない
何からどう学べばいいの!?
ウチの子 大丈夫?
学校のせい?
自律的に判断できない学校・教委
文句を言われない経営を
やっといて
指示
ぷいっ
教委
学校
目指すべき方向
これからは 主語は子ども
従来の日本の公教育
教科書の内容を終わらせるため
教師が「育てる」から
子どもが「育つ」
Point 2

「みんなの学校」ができるまで

木村泰子

人事の都合で小学校教員に

小学生だった頃を思い返すと、「意地悪」な先生に出会ってきました。なかには、まるで子どもをいじめるのを生きがいにしているような人もいました。だから、私は「小学校の教員になりたい」だなんて、これっぽっちも思っていませんでした。

なりたかったのは、実は中学校の体育教師です。ところが、採用試験に合格し、いざ配属という段階で、人事の都合で小学校に回されました。まさか、自分が最も嫌っていた小学校の教師になるなんて、想定外のスタートです。

でも、この想定外の出来事に遭遇したことが、実は大きなチャンスだったんですね。新任のときに担任した3年生の子どもたちとの出会いが、今の私の原点です。

その後の教師生活のなかで、私には取り返しのつかない失敗があります。教師になって20年近く経った頃のことです。「障害」のある子どもの母親が、校長に「うちの子を、ほかの子と同じ教室にいさせてください。そうしないと、社会に出て生きていけません」と訴えていました。この子の保護者はアメリカでインクルーシブ教育について学び、障害の有無に関係なく共に学ぶことの重要性を訴えていたのです。

しかし、当時はまだ「特別支援教育」という言葉もなかった時代で、教育委員会や校長は難色を示していました。「養護教育」について何の知識も持たない私でしたが、母親の話には納得する部分が多々あったので、要望を聞いてあげてはどうかと校長に働きかけ、職員会議でも提案しました。そうして、その子は普通教室でみんなと一緒に過ごすことが決まり、翌年度、1年生に入学しました。

3人の教員で、100人の児童全員を見る

私はほかの教員と3人で、その子の在籍する1年生の担任になりました。この学年にはほかにも2人、今なら「発達障害」との診断を下されると思われる子がいて、すぐに教室を飛び出してしまいます。まったく授業になりません。

ですから3人の教員で話し合った末、「クラス担任制」をやめることにしました。3人でチームをつくって「学年担当制」にしたのです。約100人の児童全員を、3人で見ていく

のです。全児童を講堂に集め、3人の教員がそれぞれ得意な教科の授業を担当して、ほかの2人がサポートに回ります。大空小で行った「固定担任制の廃止」の原点は、ここにあります。

その1年間は、子どもたちが実に生き生きと学び、充実していました。「障害」のある子が、ほかの子どもたちと共に学ぶことで、驚くべき成長を見せることもありましたし、周囲の子も自分とは違う特性を持つ友だちといつも一緒に学び合うことで、自分との違いを受け入れながら、互いに成長している様子でした。

もちろん、すべての子どもが誰一人取り残されることなく、楽しく学校で学び合う事実をつくっていました。「すべての子どもが同じ場でいつも一緒に学びあうことが不可欠」という私の中の価値は、このときの経験が原点となって培われたものです。

しかし翌年、私は教務主任に任命され、その学年の担任を外されました。私は校長に「同じ学年を持ち上がらせてほしい」と訴えましたが、「その学年だけがよければいいのか？」と言われ、何も返すことができませんでした。今思えば、ここが一つの分岐点だった気がします。

覚悟を持てなかった自分を責めた

案の定、しばらくして、私を頼りにしていたその子は学校に来られなくなりました。私は学年の担当者と一緒に家庭訪問をするなどケアしていましたが、信頼とは途切れたとたんに憎悪に変わるものです。

その子の両親は、子どもを見捨てた私の責任だとして、クレームを寄せてくるようになりました。私を含め、教員たちはこの子が安心して学校に来られるようにとチームを組んで、できる限りのことをしました。ところがその両親は、私や同僚が悪人だと糾弾するビラをつくって地域中にばらまき、学校を相手取って裁判を起こしました。

裁判は4年にわたり、最高裁までいきました。その間、学校は分断して「学校崩壊」のような状況になっていきました。教育委員会から教員である私が裁判の証言台に立つようにとの異例の指示があり、私はすべての感情を押し殺して「事実」だけを語りました。最終的に、最高裁が「学校側に瑕疵《かし》は認められない」との判決を出し、学校側の全面勝訴となりました。

教育委員会からそのことについて電話で報告を受けたとき、私の胸の内に閉じ込めていた感情が一気に噴き出し、初めて涙が出ました。何分かした後、ふと我に返ると、今度は自責の念が押し寄せてきました。学校が勝訴したということは、その子は安心して学校に来ることができなくなってしまったという「事実」をつくってしまったのです。

なぜあのとき、教務主任を辞退しなかったのか、校長の指示を無視してでも教員総がかりで子どもを守る行動に出なかったのか……。どこかで校長のせいにし、子どもを守り切る覚悟を持てなかった自分を責めました。

これまで失敗は数限りなくしてきましたが、このときの失敗だけは取り返しのつかないものでした。一人の子どもの学校での学びを、大人が奪ってしまったのですから。

私が校長としての覚悟を持つようになったのは、「もう二度と同じ間違いを起こしてはならない」との思いからです。学校を主語にすれば、何も悪くなかったという結果ですが、この子を主語にして考えれば、安心できる人がいつも一緒にいることで学校に来られていたものを、次の安心につなげてもらうことができずに、楽しいはずの学校での学びを失ってしまったのです。

子どもには何の責任もありません。大人同士が分断すれば子どもが不幸になることを身をもって教えられました。学校や教員や大人が主語の学校は断捨離すると強く決めた、やり直しの体験でした。

大空小学校ができるまで

校長として最初に着任したのは、大阪市でもいちばん児童数が多く、本校と分校にきょうだいが分かれて登校するような学校でした。児童数が千人を超えるマンモス校で、完全にキャパオーバーの状態でした。

加えて、地域にあった「地域間の格差」が子どもたちにも影響し、学校は荒れていました。もちろん、学校に来られない子もたくさんいました。その意味でも、いち早く新しい学校をつくる必要があると私は考えました。そうして1年後に開校したのが大空小学校です。私はその初代校長として着任しました。

大阪市は人権教育の重要性を謳っていたにもかかわらず、20年間、地元の反対運動に屈して、この地域に学校を開校できずにいました。私はまず新校設置を区長に直談判しました。すでに次年度予算なども決まっていましたが、当時の区長は私の熱意を汲みとり、教育長のところに出向いて了解を取りつけてくれました。後から知ったことですが、区長は「辞表」を胸に突然の計画変更を願い出てくださったのです。行動するリーダーの姿を学びました。

新校設置には地域の同意も必要ですが、当時その校区には16の町会があり、互いにいがみ合っていました。そこで私は、地域の町会長が集まる会合にアポなしで飛び込み、「子どもたちが安心して過ごせる学校を皆さんと一緒につくりたい」と訴えました。

すると、地域の有力者の一人が「校長、よう言うた！　どんなことでも協力する！」と言ってくれたのです。そうして新校設置の実行委員会が結成され、学校と地域の人たちが共に話し合い、知恵を出し合いながら、新しい学校づくりは着々と進められていきました。

すべての子どもの学習権を保障する

学校のある大空小の地域は、大阪の一つの小さな地域に過ぎません。でも、学校が変われば地域が変わり、地域が変われば社会が変わります。このことを目指して「みんなの学校」をみんながつくってきました。「みんながつくる　みんなの学校　大空小」として次第に関心を集め、２０１４年にはドキュメンタリー映画がつくられ、全国的に知られるようになりました。

校長を9年間務めましたが、その間いろいろなことがありました。大空小のうわさを聞いて引っ越してきたものの、子どもが部屋に引きこもったまま出てこないこともありました。

「大空小は、今までの学校とは違うよ。自分がつくる自分の学校やから、自分がつくるしかないねんで、一度来てみたら」と声をかけました。

その子は、職員室に5分だけ来るようになり、それが10分、15分と延びて、休み時間に教室まで行くようになりました。自分で決めて自分で行動したのです。その子の卒業式で、両親が涙を流していた姿は、今も脳裏に焼きついています。

学校における最上位の目的は、「すべての子どもの学習権を保障する」ことです。それなのに、現状は不登校の小・中学生が全国で18万人にものぼり、適応指導教室やフリースクールにも通えず、引きこもったままの子どもも少なくありません。

もし、100人中99人は学校に通えていて、テストの点数がとれて、あいさつもできて、何事にも意欲的に取り組んでいたとしても、たった1人が学校に通えていなければ、周りの99人の子どもたちは育っているとは言えない、と思っています。

「学校に来られない子がいる」という事実があるということは、学校にその子が安心していられる空気がないということだからです。画一的な学校の空気を吸って社会に出たら、子どもはどうなるでしょう。多様性社会を生きて働く力をつけるのが学校での学びです。

「想定外」の状況下でこそ、人はつながり合う

今、多くの学校、教育委員会は、最上位の目的を見失っています。全国学力・学習状況調

査の成績を上げることに躍起になり、「見える学力」ばかりを高めようとしています。

同じような考え方で、読書感想文コンクールで表彰される子を出そうとしている学校や、子どもたちに「おはよう」と強制的にあいさつをさせようとしている学校もあります。次から次に「安心・安全マニュアル」ができ、学習のきまりが徹底されていきます。当然、マニュアルを守れない子どもの居場所はなくなるでしょう。

こうした状況を変えていくには、工藤さんのように教育委員会に入って内部で動くという方法もありますが、私自身は足元を固めることに専念し、学校の悪しき「当たり前」を変えることにチャレンジしました。学校が変われば地域が変わり、地域が変われば社会が変わると考えました。

思い返せば、小学校の教師になったスタートの時点から、想定外のことばかりでした。でも、人は想定外の状況があるからこそ、新たな自分を見つけることができ、他者とつながれるのだと確信しています。想定外を乗り越える力は、人と人とがつながることでしか身につかないなと、コロナ禍の今も感じています。

論点2

子どもたちの「学び」はどう変わっていくのか

学校再開後、各学校では授業の進度を速めるなどして、休校期間中の遅れを必死で取り戻そうとしました。結果、授業が「詰め込み」になり、子どもたちの学びが不十分になっているなどの声も聞こえてきます。この反省をふまえ、これから子どもたちの学びはどう変わっていくのか――。

「履修主義」と「修得主義」

工藤　今、多くの学校は休校中の遅れを取り戻すべく、猛スピードで授業を進めています。そうした状況があるなかで、❶**「履修主義」と「修得主義」**という言葉がクローズアップされるようになりました。個人的に

編　❶現行の日本の学校教育制度では、所定の教育課程を一定年限の間に履修することでもって足りるとする履修主義、履修した内容に照らして一定の学習の実現状況が期待される修得主義、進学・卒業要件として一定年限の在学を要する年齢主義、進学・卒業要件として一定の課程の修了を要求する課程主義の考え方がそれぞれ取り入れられています（中央教育審議会答申「『令和の日本型学校教育』の構築を目指して」2021年1月26日）。

は、ようやく「改革の本丸に来たな」との印象を抱いています。この流れは日本の教育の構図を根底から覆す可能性があります。

　とはいえ、この改革を遂行するうえでは、いくつか高いハードルを越えていかねばなりません。たとえば経済の問題です。日本では、塾や通信講座などの民間教育産業の市場規模が❷**年間2兆7700億円**ほどにのぼります。学校の学びが「履修主義」から「修得主義」に本格的にシフトすれば、この市場にも大きな影響が及ぶでしょう。

　そもそも日本の子どもは「勉強のしすぎ」です。朝の8時過ぎから午後3時過ぎまでみっちりと授業を受け、夕方の6時頃まで部活動をした後、夜間に塾へ行く子もいます。1日24時間のかなりの割合を勉強に費やしています。欧米では、夜間に子どもが家の外で勉強するということ自体、社会が容認していないので、塾産業が経済を下支えする構造にはなっていません。

　民間教育産業が日本の教育に果たしてきた役割は大きなものがありますし、持っているノウハウを否定するものではありません。しかし、改

編 ❷矢野経済研究所「2020年版教育産業白書」より。

❸過熱した経済状況を、不況などを招かないように徐々に成長速度を低下させて安定成長へ移行していくことです。

編 ❹中央教育審議会答申（❺参照）では、「チームとしての学校像」として、「校長のリーダーシップの下、カリキュラム、日々の教育活動、学校の資源が一体的にマネジメントされ、教職員や学校内の多様な人

革を本格的に進めるうえでは、この業界に従事している人たちの生活保障を行うかたちで❸**ソフトランディング**をしていくことも考えていかねばなりません。

大切なのは目的の共有と正しい理解

木村　「履修主義から修得主義へ」と言われていますが、これをどう現場に伝えていくかが重要です。せっかくの転換のチャンスも、リーダーがその言葉の意味を理解できていなければ、絵に描いた餅と化してしまいます。

たとえば、数年前に「❹**チーム学校**」という言葉が❺**文部科学省の答申**に示されましたが、教育委員会や学校がその意味をよく理解しないまま推進した結果、スクールカウンセラーやスクールソーシャルワーカーなどの専門家がどんどん学校に入ってきて、教職員は困難を抱えた子どもを専門家に丸投げしてしまいました。結果、❻**医学モデル**が先行して、子ども同士が分断され、教職員が自信を失っていくきっかけにもなってし

材が、それぞれの専門性を生かして能力を発揮し、子供たちに必要な資質・能力を確実に身に付けさせることができる学校」と定義されています。

編　❺中央教育審議会「チームとしての学校の在り方と今後の改善方策について（答申）」（2015年12月21日）のことです。

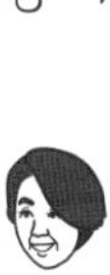

❻「医学モデル」では、障害がある人の医学的な特性に着目し、そこに原因があるという考え方をします。

まいました。

今回も、言葉だけが独り歩きしないよう、「修得主義」で育つ子どもとはどのような姿なのかを学校現場が理解し、納得するまでていねいに伝えていかなければならないでしょう。

今のままでは、校長が「これからは修得主義でやってください」と言っても、教員の大半が「それって何？　また、新しい言葉をつくって、予算をとろうとしてるだけやろ」で終わってしまいます。せっかく学校が大きく変わるチャンスなのですから、現場が「これは大事」と思えるようなかたちで情報を発信していく必要があります。

合田　木村先生のおっしゃるとおりで、「履修主義」から「修得主義」へという図式的なストーリーも、その目的の共有がなされなければ、混乱を招くでしょう。

たとえば、⑦**「ゆとり教育」批判**を受けるかたちで進められた⑧**2008年の学習指導要領改訂**の担当室長だった頃、政治家や経済界の

⑦2002年度から順次実施された学習指導要領で、教育内容の大幅な削減が図られたことに対し、学力低下を招くとの批判が各方面からあがりました。その後、2003年に実施された国際学力調査（PISA）の順位が下がったことを受けて、「ゆとり教育批判」はさらに強まりました。

方から、「小学生は朝から晩まで百ます計算をやっていればいい」と言われたことがありました。百ます計算を活用されている陰山英男先生も、百ます計算は子どもたちが登校してからモードを切り替えて授業へと円滑に移行し、学習意欲を高めるための手段と位置づけていらっしゃいましたが、多くの人の頭の中にある履修主義とは、百ます計算でよりすばやく計算できることそのものとイメージされているからです。

木村　「修得主義」については、もしこれを実践したとして、たとえば学校に一人でも登校できていない子がいれば、「うちの学校は、本当に修得主義ができているんだろうか」と、振り返りや見直しをしてほしいですね。その営みが学校からなくなったら、どんな手法も目的にはつながりません。

「個別最適な学び」の推進を

工藤　これまでの学校では、国として何をどう教えるか、どう履修させ

❽2006年の教育基本法改正等で明確になった教育の理念をふまえた「生きる力」の育成を基本理念とし、知識・技能の習得と思考力・判断力・表現力等の育成のバランスを重視して、授業時数が増加（各教科10％程度）しました。

るかを目標に、一斉講義形式の授業が行われてきました。しかし、その限界が見えてきた。なぜかと言うと、世の中が急激に変化するなかで、それでは対応ができなくなってきているからです。

学校が、児童・生徒個々の違いに対応できず、なかには優れた才能をつぶしてしまっているようなケースもあります。発達に特性があり、コミュニケーションが苦手な子どもが、自己否定をしなければいけないような学びが、学校のなかで行われているのです。

木村　編集部のレジュメに「なぜ、皆で同じ授業を受けないといけないのか」という論点が示されていますが、こうした問いが出てくること自体、とんでもないことです。まず、授業を「受ける」という言葉は、「子どもを育てる学校」の考え方です。授業を受けるのではなく、子どもが自分とは異なる他者のなかで一緒に学び合う。これこそが学びの場です。

工藤　一斉講義型の授業は、子どもの主体性を奪うだけでなく、とても

⑨具体的に、「Qubena（キュビナ）」と呼ばれるAIドリルを活用した学習活動を行いました。このAIドリルでは、生徒が誤った解答をすると、AIがつまずきの要因を分析し、そこを補強するための問題を出すなど、個の習熟の状況に応じた学びができます。数学では、生徒たちは従来の約半分程度の授業時間数で習得することができました。

非効率的です。この点を改善するため、麹町中学校では数学の授業で、従来の一斉授業スタイルを3年間いっさい行いませんでした。

いわゆる「教えない授業」ですが、生徒たちは実証実験的に導入した⑨**AI型教材**に限らず、それぞれが好きな問題集などの教材を選び、自学したり、学び合ったりなど、常に学び方を自らが考えて主体的に学習に臨みます。教員の役割も⑩**「指導者」から「支援者」**に変わりました。

結果として、取り残される生徒がいなくなるだけでなく、下位層、上位層すべての生徒たちの学力が大きく向上しました。なにより驚くべきことは、学ぶのが遅い子どもたちでも従来のおよそ半分の時間で学習が済んでしまったことです。

そもそも数学は問題解決型であるという教科の特性がありますから、生徒主体の授業が効果的であることは自明のことなのかもしれませんが、一斉講義形式による旧型の授業があまりにも非効率で、時間も労力もかかるということについては、教員であれば誰もが実感していることではないでしょうか。その意味でも、教科の特性に応じた「⑪**個別最適な学び**」

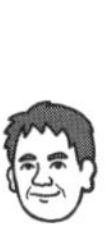

⑩ 教員が黒板とチョークを使って説明をするのではなく、つまずいている生徒のところへ行ってサポートしたり、生徒同士の学び合いを促したりするようなイメージです。

編 ⑪ 中央教育審議会答申「『令和の日本型学校教育』の構築を目指して～全ての子供たちの可能性を引き出す、個別最適な学びと、協働的な学びの実現～」（2021年1月26日）では、「個別最適な学び」を「ICTの活用と少人数によるきめ細かな指導体制の整備により、『個に応じた指導』を学習者視点から整理した概念」としています。

の研究を他の教科でも進めていかねばなりません。

木村　「個別最適な学び」を進めると、集団での学びがなくなるのではないかと言う人もいます。でも、その子にとって「最適な学び方」という視点は、すべての子どもに必要です。一方で、その視点だけで授業が進むと、失うものもあります。やはり木だけでなく森を見る必要がある。こうした発想で、学校も保護者も地域住民も、一つひとつの言葉を問い直していくことが求められます。

大切なのは、子どもが自分とは違う他者と共に過ごし、相手を尊重しながら柔軟に対応していく力を養うことです。この力がベースになければ、どんな学力をつけたとしても、10年後の社会で生きて働く力にはつながりません。この点は外してはいけないと思っています。

工藤　「個別最適な学び」は、「個別指導」とは違います。この点を勘違いしている人が、教育関係者にも少なくありません。麹町中学校では、

ＡＩ型教材を活用するかどうか、その他教科書や問題集で学ぶかは生徒自身が選びます。また一人で学ぶか、生徒同士で学び合うか、教師に質問するかについても、臨機応変に生徒一人ひとりが考えて決定します。ときには、生徒数人が「この部分だけ教えて」と、先生にミニ講義をお願いしたりすることもありました。

　問題を解決していくために、何が必要かを生徒自身が考え、自分で判断・選択して、学んでいるわけです。こうしたことを可能にしていくことこそが、究極の「個別最適な学び」なのだと思います。

合田　おっしゃるとおりですね。これまでもわが国の教育界においては、「個に応じた指導」や「指導と評価の一体化」を大きな目標にしてきましたが、今、ＩＣＴ技術が飛躍的に進化するなかで、学校を中心とした子どもたちの学びは、基礎学力の確実な定着にしても、個人の関心や特性に応じた学びにしても、お二人がおっしゃった、自分の学びを自分自身で調整し進めることができるという意味での「個別最適化」が可能になります。

しかし、だからと言って、学校における人と人が向き合う活動や学びが不要になるわけではありません。むしろ逆で、人間としての強みを発揮するうえで不可欠な、他者と協働して知識を活かし、よりよく生きよう、よりよい社会にしようという資質・能力を育むうえで、学校における集団を活かした学びはますます重要になってきます。

その際、ICT技術によって「個に応じた指導」や「指導と評価の一体化」といったこれまでわが国の学校教育が目指してきた学びの質的転換が可能となれば、わが国の学校教育の可能性は大きく広がります。

ただ、情報端末が収集できるのはあくまでも標準化されたデータであることにも留意が必要ですね。1人1台の情報端末の活用が、語彙や計算力といった体系化・構造化しやすい分野の反復学習のみに偏るのではなく、各教科固有の見方・考え方を働かせて単元の内容をより深く理解して思考し、自らの興味や関心に基づいてどんどん探究を進めることに結びつかなければならないことはもちろんで、学習指導要領の内容事項

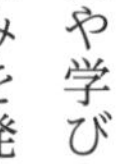

⑫教育データを横断的・体系的に活用するための教育データ標準化の一環として、学習指導要領に基づいて、内容・単元等の共通コードが設定されました。文部科学省「教育データ標準」（第1版）として、2020年10月16日に公表されています。学習指導要領をキーにして、デジタル教科書や教材・学習ツール、博物館のデジタル・アーカイブを関連づけたり、教材等のデータベース化を図ったりすることで、カリキュラム・マネジメントの推進や学習履歴データの分析等への活用が期待されています。

の[12]コード化、専門的な教材や動画などのコンテンツ活用のための基盤の確立、たとえば、ＮＨＫの多様なコンテンツの活用や経済産業省と連携した「[13]STEAMライブラリー」の構築などにも取り組んでいます。

同時に、1人1台の端末整備による教育ビッグデータは大きな可能性を持つものですが、大事なのは知識・理解の状況や身体機能の単なる標準化ではなく、子どもたちの意欲や関心、社会的孤立などを把握し、子どもたちの個別の事情や状況に応じた指導や支援を行うことであることを見失ってはなりません。

そのことは、どのようなデータを集めるかだけではなく、そのデータを見取り、指導や支援に活かす教師の力量が重要であることを意味します。標準化されたデータをあくまで一つの材料としながら、個別の子どもたちの具体的な状況に応じた指導や支援を行うことは、専門性を持った生身の教師でなければできません。その意味でも、ますます一人ひとりの教師の専門性や力量が重要になると思います。

編 [13]ＳＴＥＡＭは、科学（Science）・技術（Technology）・工学（Engineering）・芸術／教養（Arts）・数学（Mathematics）の5つの言葉の頭文字をとった言葉です。ＳＴＥＡＭライブラリーでは、教師のための「学び方／教え方ガイド」を配信し、それぞれのコンテンツの指導案モデルを閲覧・ダウンロードすることができます。

子どもが「わからない」と言える学校をつくる

木村　工藤さんが校長を務めた麹町中学校は、多くの人たちが「うちの学校も、こんな学校だったらいいのに」と羨望のまなざしで見ています。でも、やっていることはごく当たり前のこと。生徒がわからないことがあったときに、「わからない」と言える学校をつくるということです。大空小学校も同じで、これを特別視している社会の方こそを変えていかねばなりません。

これまでの学校は、教師が教室全体に「わかりましたか？」と問いかけ、わからない子がいても一斉に「はい！」と答えさせてきました。わからないときにわからないと言えない。これが言えるようになったときに、学校は変わっていきます。

そのために何をすればよいかは、簡単な話なんですよ。授業で先生が「わかりましたか？」という言葉を使わなければいいんです。代わりに「わからないところはどこですか？」という言葉を使うようにする。

実際に大空小学校でこれを実践してみたことがありますが、子どもたちから「ここがわからへん！」「全部わからへん！」との声が一斉にあがって、授業が止まってしまいました（笑）。

その様子を目の当たりにした教職員たちは、「『わかりましたか？』と聞いていたときは『はい』と答えていたのに……。私たちに忖度していたんですね」と。そのときから私たちは授業のやり直しを始めました。

対面での学び、オンラインでの学び

木村　コロナ禍のなかで、私は「対面」の魅力とは何なのか、「オンライン」の価値とは何なのかということも日々考えるようになりました。

今回のコロナ禍で、オンラインでの学びが学校教育に風穴を空けた部分もあるでしょう。でも、学校とは本来、対面のなかで人と人とがつながる場です。大切なのは、そうした場にオンラインという新しい学び方を取り入れていくことだと思います。

世論に耳を傾けると、「学校なんていらないんじゃないか」「オンラインだけで十分じゃないか」なんて声も聞こえてきますが、質の異なるものを二項対立的に比べて論じてしまうのは、日本の悪しき慣習です。

工藤　同感です。オンラインがいいとか対面がいいとか、そうした二項対立的な捉え方自体が間違っています。一口に「オンライン授業」と言っても、その中身や方法はさまざまですし、ひとくくりで捉えることはできません。「⑭**オンラインか対面か**」という議論自体が、意味を成さないのです。

たとえば⑮**院内学級**にいる子にとっては、オンラインは非常に大切な学びのツールです。世の中には、人と接触できない子どもだってたくさんいるのですから。

合田　休校中で多くの国民が実感したのは、福祉の場としての学校の役割の大きさです。中央教育審議会において認定NPO法人⑯**カタリバ**の今村久美代表理事は、「学校は、子どもたちが教科教育を受ける場という価値以上に、教育活動を通じた福祉の場だという前提に立つ必要がある」

編　⑭2020年のコロナ禍で、オンライン授業を実施した自治体・学校と、しなかった自治体・学校とがありました。そうした混沌とした状況があるなかで、オンライン授業の意義や費用対効果に対し、疑問を投げかける声も数多くあがりました。

編　⑮病気や怪我で入院中の児童・生徒のために病院内に設置された特別支援学級のことです。

編　⑯2001年から活動しているNPO法人で、今村さんが代表理事を務めています。学生のボランティアスタッフが高校

「学校は、学びの場である以上に、人と安心安全につながることができる居場所」と述べています。

また、同じ中教審委員で、「島留学」で⑰島根県立隠岐《おき》島前《どうぜん》高校を活性化した岩本悠さんも「休校になり、当たり前だった日常が失われたことで、そもそも学校は何を担い、何を守り、何を育んでいたのかが、改めて顕在化した。学校は狭い意味での『教育』に留まらない『福祉』的な価値（例えば健康的な生活リズム、子どもの安全な居場所等）も担っていることが如実に浮き彫りになってきた」と指摘しています。

オンライン教育は、このような状況下でも学びを止めない手段として、また、普段は会うことができないさまざまな専門家、他国や他校の子どもたちと向き合うことができるツールとして大きな役割を果たします。

同時に、子どもたちの学びと生活を支えるうえでオンラインには限界があることも事実です。だからこそ、対面授業とオンライン授業のハイブリッドの教育に加え、リアルな世界で子どもたちの生活を支える福祉との融合による「教育福祉」という視点も重視され始めているのだと思

生と本音で語り合う授業「出張授業カタリ場」などのプロジェクトを全国各地で展開しています。

⑰人口減少により廃校寸前だった同校は、「島前高校魅力化プロジェクト」の「島留学」制度や地域と連携した探究学習の導入などにより、現在は日本全国・世界各国から生徒が集まっています。地域から世界まで、幅広い舞台で挑戦できる、グローバル×ローカル＝グローカル人材の育成を目指しています。

います。

物事を二項対立で捉えない

工藤　オンライン授業の是非をめぐる議論を見てもわかるように、教育界はとかく二項対立的に物事を捉える傾向があります。なぜ、こういった議論がなされてしまうのか。それは、上位目的に向けて合意形成するという作業を、これまでやってこなかったからです。

　本当なら、そんな無意味な議論がされないところまで社会が成熟していないといけないのに、そこに到達できていないことが最大の問題だと思います。

合田　二項対立的な議論から脱しなければならないという工藤先生のご指摘は、本当にそのとおりだと思います。「履修主義」と「修得主義」の話も、「これからは修得主義だから、履修主義はダメだ」といった話が容易になされてしまいます。「修得主義」を強調しすぎると、学校が何のためにあるのかという大切な視点を見失ってしまいます。

社会制度としての学校は、テストでいい点数をとるという表層を越えて、10年、20年、50年といった視野で、互いがさまざまな違いを認め合いながら、一人ひとりが自立した存在として他者と対話と協働を重ねて生きていけるようにするため、さらに、自分たちの社会のあり方を特定のリーダーやＡＩに委ねるのではなく、手間ひまやコストがかかっても対話して「納得解」を共有できる社会をつくるためにあります。

そのためには、一方では社会的に自立するために必要な知識や技能の確実な修得もゆるがせにできませんが、皆で一緒に同じ体験をしたり、同じ課題に取り組んだりする機会も必要です。しかし、「履修主義」と「修得主義」を二項対立的に捉えると、これらの学びの機会が失われてしまう可能性があります。したがって、社会全体も教育界も「二項対立的な議論は絶対にしない」と決める必要があります。

「個別最適な学び」については、[18]**中教審**で審議がなされて答申がまとめられましたが、幸いにして二項対立的な議論にはなっていません。そ

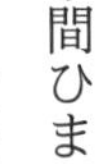

⑱具体的に、中央教育審議会の「新しい時代の初等中等教育の在り方特別部会」での議論のことを指します。２０２１年1月26日に「『令和の日本型学校教育』の構築を目指して～全ての子供たちの可能性を引き出す、個別最適な学びと、協働的な学びの実現～」（答申）が出されました。

れは、カタリバの今村久美さん、島根県教育魅力化特命官の岩本悠さん、[19]COMPASSファウンダーの神野元基さん、発達障害の困難さに直面する子どもたちを支援するLITALICO代表取締役の長谷川敦弥さんといった若い方々が委員として議論をリードしているからです。

具体的には、子どもたちが社会的に自立し、当事者意識を持って多様な意見や価値観のなかで合意形成に粘り強く取り組む力を持つためには、従来の社会構造のなかで行われてきた「正解主義」や「同調圧力」から脱却しなければならないということが大きな前提となっています。

そのために、一斉授業か個別学習か、履修主義か修得主義か、デジタルかアナログか、遠隔・オンラインか対面・オフラインかといった二項対立の発想を脱して、子どもたちの状況に応じてこれらを適切に組み合わせて活かすハイブリッド教育により、「個別最適な学び」と社会とつながる「協働的な学び」を実現することに向けた具体的な議論がなされました。

私自身、学校教育という仕組みが、差のないところに他者との違いを

編

[19] 麹町中学校が導入したAIドリル「Qubena（キュビナ）」などの教材を開発・提供する企業です。神野さんはその創業者です。

無理につくって可視化し、他者を見下すための「装置」になってはならないという強い問題意識を持っています。

今回の中教審答申では、学校教育がそうした「装置」として機能すべきではないという土俵が形成されているため、二項対立的な議論にはなっていません。せっかく芽吹いたこれらの議論をぜひ大事にしたいと思っています。

「目的」を考え、共有して進めることが重要

合田 ただ、そうした議論を通じてよい仕組みができたとしても、やはり目的の共有がなされないと、全く違うかたちで展開されてしまい、子どもが苦しむなんてことになりかねません。

木村 合田さんの言うとおりで、文部科学省から新しい言葉がおりてきたら、現場はその目的がどこにあるのかを考えずに、形だけ実践しようとします。この構造を取り払わなければ、何一つ子どもには返せません。

「個別最適な学び」についても、一部には「これを進めればオンラインで学べるから無理して学校へ行く必要はない」とか、「[20]**特別支援学級を充実させて、教室での学びがしんどい子はそこで学べばいい**」とか言う人もいます。このままでは子ども同士が分断されてしまい、合田さんが説明したものとは異なる方向で「個別最適な学び」が広がってしまうのではないかと危惧しています。

これは現場が抱える構造的な問題です。だからこそ、「個別最適な学び」という言葉がおりてきたときに、リーダーである校長が「この目的は何だと思う?」と教職員に問いかけ、自校でどう実践していくかを話し合う必要があります。

そうした空気が学校にあれば問題ありませんが、前述したように「チーム学校」では大失敗しました。繰り返しますが、この言葉が現場におりてきたことで学校に「医学モデル」が広がり、[21]**「社会モデル」が失われてしまった**のです。

[20]「個別最適な学び」の「一人一人の個性や能力に適した学び」という言葉を間違って捉えると、習熟度別のクラス編制、特別支援学級の充実などが加速していく可能性があります。

[21]「医学モデル」(57頁)に対し、「社会モデル」では、障害の原因をその人個人ではなく、周囲の環境に着目して改善を図ろうとします。「チーム学校」で、スクールカウンセラー等が入ってきたことで、これまで「社会モデル」であった学校が、「医学モデル」へと変わりつつあります。

合田　実は、コロナ禍の前と後とでは、中教審の議論も大きく変わったと感じています。当初は、ＩＣＴを活用して一人ひとりの習熟度に応じた指導を構築していこうという議論だったのですが、現在は子どもたちの個性や能力が一人ひとり違うことを前提に、木村先生がおっしゃった「主語を子どもにした学び」をどう構築していくかという文脈で「個別最適な学び」が捉えられています。

「正解主義」や「同調圧力」からの脱却、一斉授業か個別学習か、履修主義か修得主義か、デジタルかアナログか、遠隔・オンラインか対面・オフラインかといった二項対立の発想からの脱却が真正面から議論されていることはその証左だと思います。文部科学省には、このような議論を経てまとめられた答申の提言を実現すべき大きな責任があります。

もう一つ大切な視点は、最近よく使われるコストパフォーマンス、いわゆる[22]**コスパ**を長期的な視点で捉えることです。10年後、20年後の社会や子どもの生き様を見据えた「コスパ」を考え、明日のテストや内申書を学ばせる脅しに使うこととも、子どもがしたいからやるとか、したく

[22] 私はあまり好きな言葉ではありませんが、教育界でもこれを意識するような流れがあります。

ないからやらないといったこととも異なる軸も持ちながら、長期的な視点で子どもと向き合っていくことが大事だと思います。

学び方を子ども自身が選べるように

工藤　これからの時代は、何をどう学ぶかを子どもたち自身が選べるようなかたちで、環境を整えていくことが大事だと思います。学習指導要領については、今でも[23]**最低基準**という捉え方ができるのかもしれませんが、これに基づいて作成される教科書や副教材が膨大なものになっていることを考えれば、本当の意味でのミニマム・スタンダードにはなっていません。これが最低基準だということについても、きちんと合意形成を図っていく必要があります。

　大切なのは、揺り戻しのない議論をすることで、一定レベルの合意が得られたら、それまでの議論が蒸し返されないようにすることです。

　日本の学校は、文部科学省が旗を振らないと動かなくなっています。自治体、学校、教員の一人ひとりに至るまで、自律性・主体性を失い、

[23]これが最低基準であることは文部科学省も示していますが、現実には多くの教員が学習指導要領に基づいてつくられる教科書や副教材をなぞるかたちで授業をしています。すなわち、学習指導要領に記載された内容を全国一律に教えているような実態があるのです。

「待ちの姿勢」になってしまっている。その結果、自分たちで「変える力」が失われてしまった。そういった構造を変え、常に現場が「変える力」を持てるようにしていく必要があります。

文部科学省の役割は、学習指導要領等で現場を縛るのではなく、理念的な部分をしっかりと固めたうえで、現場が自律性を失わないようにすることです。フィンランドのように、現場がカリキュラムを工夫できる仕組み、現場が変化できる仕組みをつくらないと、㉔**10年ごとに改訂**する学習指導要領を待っていては、時代の変化に対応できません。現場が柔軟に変えていけるような構造改革が必要だと思います。

木村　今、工藤さんから、子どもが自分自身で学びを選んでいけるようにする必要があるとのお話がありました。その際に気をつけなければならないのは、すべての子どもたちが同じ場で学ぶ「土俵」をつくったうえで、選べるようにすることです。さまざまな特性を持った子が一緒にいるのが当たり前の「土俵」をつくり、そのうえで学ぶ場を選べるよう

㉔学習指導要領の改訂は10年サイクルで行われてきましたが、時代が激しく変化するなかで、それでよいのかという議論は、ずっと以前からありました。

にすることです。そうしなければ、子どもたちが分断されてしまいます。

大空小は、障害のある子もない子も、すべて同じ空間で学びます。自分とは異なる他者とのかかわりを通じて、学ぶことの楽しさを実感しています。そうして皆が一緒に学び合う「土俵」があって、そのうえで子どもたちが「選択」できる多様な場面をたくさんつくりました。

たとえば、5年生の算数の授業で、「自分にはむずかしくて無理！」と思った子は、教室を抜け出して職員室に行き、そこで3年生のプリントをとって取り組んだりします。あるいは、校内にいるひまそうな大人を見つけて、「ここ教えて！」と声をかけてくる子もいる。そうやって、自分が困ったときは、子どもが自ら学ぶ場を選ぶのが当たり前でした。

失敗してもやり直せるような「選択」は、何度やってもかまいません。小学1年生であっても、子どもは自分で選択する力を持っていますし、選択したうえでつまずいたとしても、人のせいにするようなことはありません。一方で、やり直しのできない「選択」は絶対にさせてはいけません。「特別支援学級か、通常学級か」の選択はまさにそれです。

合田　お二人の話を聞いていて、重要なキーワードの一つが「選択」なのではないかと思いました。工藤先生は子どもたちが学びを「選択」していくことが大事だとおっしゃいました。一方で木村先生は、子どもや親が「選択」した結果、普通学級と特別支援学級に子どもが分断されることを懸念されています。人によっては、二人の意見が真逆だと捉える向きもあるでしょう。この部分は少し整理しておきたいのですが、木村先生いかがでしょうか。

分断を生む「選択」であってはならない

木村　世の中には、子どもや親に「選択」をさせ、子どもたちを分断する方が理にかなっていると主張する人もいるでしょう。でも、私の経験から見て、子どもを分断したことで学校の最上位目的が達成され、子どもがよりよく生きられるような社会になるなんてことは絶対にあり得ません。大空小の9年間を通じてそれは実証されました。

1997年に「**酒鬼薔薇事件**[25]」が起きた頃から、「**発達障害**[26]」とい

編 [25] 正式には「神戸連続児童殺傷事件」と言い、神戸市須磨区で2人の小学生が殺害された事件です。犯人が「酒鬼薔薇聖斗（さかきばらせいと）」を名乗る当時14歳の少年だったことから、世間に大きな衝撃を与えました。

編 [26] 発達障害者支援法において「自閉症、アスペルガー症候群その他の広汎性発達障害、学習障害、注意欠陥多動性障害その他これに類する脳機能の障害であってその症状が通常低年齢において発現するものとして政令で定めるもの」と定義されています。

う言葉がやたらと使われるようになりました。早期発見・早期治療の目的は、幼少期にできるだけ早く「発達障害」を診断して「危険な行為」を起こさない子どもにするためだと言っても過言ではないでしょう。㉗**インクルーシブ教育**で㉘**「合理的配慮」**と言いながら、差異のある子を合理的に「排除」している子どもの事実はないでしょうか。結果として学校教育が子どもたちに差別や排除を教えてしまっているのです。

大空小には、いろいろな背景、家庭事情を抱えた子が入学してきます。なかには前の学校で登校できなかった子も多くいました。でも、大空小に通い始めると、どの子も登校できるようになっていきました。その理由を聞かれても、以前はうまく答えられませんでしたが、キーワードの一つに「選択」があるんじゃないかと、合田さんの問いかけを聞いて思った次第です。

そもそも、教師が「教える」という営みを通じて、教室にいるすべての子どもを充足させるなんてことはできません。それなのに、多くの学校は子どもを頑丈なスーツケースの中に閉じ込め、「がまんしろ」と言っ

㉗端的に言えば、「障害のある人とない人が、共に学ぶ仕組み」のことです。日本では、2012年に中央教育審議会が「共生社会の形成に向けたインクルーシブ教育システム構築のための特別支援教育の推進（報告）」を出したのを機に、この言葉が教育現場に広がりました。ただ、言葉の意味が正しく伝わっているかと言えば、そうとも言えない実情があります。

編 ㉘障害者の権利に関する条約において、「障害者が他の者と平等にすべての人権及び基本的自由

ている。多様な社会で生きている子どもです。長い棒のような子はポキンと折らなければスーツケースに入りません。スーツケースのサイズに合わない子どもは学校に来られなくなるのは当然です。

大空小も開校当初は、いかに安全で安心なスーツケースをつくれるかとスタートしたのですが、従前の学校の当たり前を変えない限り、すべての子どもの学びの場は保障できなかったのです。

そこで、スーツケースを風呂敷に変えたのです。風呂敷は何枚も何枚も継ぎ足して広げることができます。そのうち、教職員の間で「スーツケースの自分から風呂敷の自分に変わろう」という言葉が飛び交うようになっていきました。

困ったときは自分から学校中の「人」や「場」を選択できる。これが「風呂敷の学校」です。重度の知的障害があり、言葉を持たずに「あー」と表現する子も、少し気持ちを落ち着けたいと思ったときは自らの意思で静かなところへ行き、そこでクールダウンしてから教室に戻ってきたりしていました。そんなときは周りの子どもたちがいつも「だいじょう

を享有し、又は行使することを確保するための必要かつ適当な変更及び調整であって、特定の場合において必要とされるものであり、かつ、均衡を失した又は過度の負担を課さないものをいう」と定義されています。

ぶか？」と顔をのぞき込んでいましたね。

工藤　今、麹町中は大空小のようにはいかないなと思いながら、木村先生のお話を聞いていました。麹町中には今も特別支援学級があり、知的障害や自閉症の子どもが在籍しています。私が校長として赴任したばかりの頃は、発語もできないような重度の子も2人いました。今はそれほど重度の子はいませんが、それでも大空小と同じことをするのはむずかしいというのが、率直なところです。

ただ、これから先、大空小のような小学校が増えて、皆が一緒に学ぶ土俵がしっかりと築かれれば、中学校のあり方も十分に変化し得ると思います。

合田さんのおっしゃるとおり、「選択」という言葉の持つイメージは人それぞれ違っていて、共通認識を形成するのは容易ではありません。でも、「選択」という言葉に限らず、その理想像を掲げ、理解を図っていく必要はあると考えます。

㉙大空小には、両親が不仲で、父親が家を出て行ってしまったような子もいました。そうした子が、校内を歩き回って話しやすい相手に相談し、気持ちを落ち着かせることもありました。相談を受けた教職員は、すぐにそれを全職員に伝え、チームで対応していました。

木村　大空小の子どもたちは、**困ったときに「助けて」と言う**[29]相手を「選択」することができました。教員に相談しにくい場合は、ほかの職員を選ぶこともできますし、校内には地域の人たちがたくさん出入りしているので、そうした大人に相談することだってできます。

　大空小は、**固定担任制**[30]を廃止していたので、教員は自分のクラスの子だけを見るというシステムはありません。そのため、教員が「自分には無理」と思った子のかかわりは、ほかの教職員の力を活用していました。そうやって、教職員も「選択」をしていたわけです。今思えば、大空小の実践すべては「選択」というキーワードに集約されるようにも思います。

　小学校6年間を通じて、子どもたちが互いの差異を尊重し合いながら、安心して学べる場をつくる。中学校段階での「選択」は、そうした小学校段階での「土俵」が前提にあって、成り立つのだと思います。

　大空小の教職員は、校長の私も含め、スペシャルな人は誰一人いませ

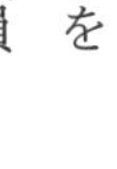

[30] 一般的に、学級には担任がいるのが「当たり前」と捉えられていますが、法律・制度的に「1学級1担任」が義務づけられているわけではありません。制度的な枠組みで言えば、児童・生徒数「40人」が学級編制基準の上限なので、80人の学年には2人の教師が配置され、81人の学年には3人の教員が配置されます。ただし法令で決まっているのはこれだけで、固定担任制を廃止し、全児童・生徒を全教員で担任することも可能なのです。（※2021年度より、小学校は順次1学級の児童数が35人となる予定です）

んでした。それこそ、固定担任制にすれば、3日で学級崩壊を起こすような教員もたくさんいました。開校当初は、「学級経営能力のある優秀な教員がほしい……」なんて思ったこともありましたが、校長のそうした考えが間違いだと気づいたところから、チームとしての一体感が生まれていき、職員室が変わりました。

固定担任制を廃止することに教職員が納得し合ったきっかけは、私が「担任一人の力で学級のすべての子どもの命を守れる人は学級担任をしてください」と言ったことです。誰も手をあげませんでした。そこからです。じゃあ、固定担任制は断捨離しよう。すべての子どもの学習権を保障する学校をつくるために何ができるかについて、対話を重ねて生まれたのが「担当制」でした。教員になくてはならない力は「人の力を活用する力」だとの合意形成ができたのです。

帰宅した子どもが親に命を奪われてしまったら、次の日、その子の学習権は保障できなくなる。では何が必要かとの対話から、学校にいつも地域の人がいることが当たり前の学校になっていったのです。「人の力を活用しなければ子どもの命は守れない」という必要不可欠な事実に気づくことができました。一人で仕事をしない職員室になり、結果として職員室が「安全基地」になっていきました。

私たち教員にできないことは、地域の力を活用しながらやっていく。大空小では、地域の力を「土」、教職員は「風」と表現していました。

子どもたちの10年後は多様性社会が待っているでしょう。もし、実社会が「障害のある人はこちら、ない人はこちらで暮らしてください」と分かれていたら、**通級**[31]や**交流・共同学習**[32]は必要かもしれません。でも、実社会にそんな区分はないのです。

価値観や行動様式の違いを互いに受け入れ、すべての人が自分らしく生きられる社会をつくる大人になるために、子どもは学んでいます。異なったものを排除せず、共存できるための「柔軟な対応力」や「お互いに違っているのが当たり前」という他者との違いを「対等な違い」としてつながることを学ぶ場が学校です。

[31]「通級」とは、普段は通常学級で学んでいる子が、一部の授業だけ別の教室に移動して、特別な支援を受けながら学ぶことです。

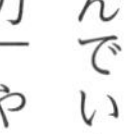

[32]「交流・共同学習」とは、特別支援学校や特別支援学級に在籍する子が、文字どおり、通常学級の子と交流の場を持ったり、共に学習したりすることです。

Point 4
人と人がつながる場
学びの場としての学校のあり方
オンライン
対面
二項対立ではなく
子どもの状況に
合わせて
組み合わせる
「ハイブリッド教育」
コレ
子どもがえらぶ
BUT
分断を生む選択で
あってはならない
入れない
「選択」のためには?
安心して学べる「土俵」を作ることが必要
ちがいを尊重
固定担任制の廃止
頼る先生を子どもがえらぶ
先生も他の先生の力を活用できる
型にはめずに
地域の方の力を活用
ニーズに応じていく風呂敷の学校へ
Point 5
長期スパンで子どもたちの学びを考えていく
対話
協働
明日のテストの点数ではなく
子どもの生き方を見すえた学びを!
「納得解」を共有できる社会へ

論点2
子どもたちの『学び』は
どう変わっていくのか
Point1
「履習主義」と「修得主義」
これまでの学び
「履習主義」
勉強しすぎ
一斉講義形式授業
主体性が奪われる
非効率
学ぶスピードのちがい
Point2
これからは「修得主義」も
子どもが学び方を選択する
反復学習
理解の深化
探究の推進
子どもの状況に応じた指導・支援
一人
子ども同士
タブレット
教科書
「わからない」を言える学校づくり
個別最適な学び
≠個別指導
point3

なぜ、学校の「当たり前」を問い直したのか

工藤 勇一

教職への憧れはなかった

教育界には、小・中・高の頃に出会った恩師に憧れて、教員を目指す人が少なくありませんが、私には、特別意識した「ロールモデル」がいたわけではありません。優れた先生もいたのでしょうが、残念ながら思い出されるのは「嫌な先生」のことばかりです。とにかく高圧的な先生、とくに殴る先生は嫌いでした。高校時代にはゲンコで10発以上も顔を殴られて、2週間ほど食事もままならないなんてこともありました。きっかけは勘違いみたいなものでしたから、今の時代であれば「暴行事件」です。そんな経験もあったからか、先生への憧れはほとんどなく、高校までは自分が教師になるなんて思ってもいませんでした。

大学は、東京理科大学の理学部応用数学科に進みました。そのため、教育のあるべき姿や指導法など理論的なことは何も知らないまま、地元・山形の教師になりました。学習指導要領の存在すら、採用試験を受ける直前まで知らなかったくらいです。今思えば、そうして教育に対する先入観、固定観念を持たないまま教壇に立てたことは、自分にとって幸運だったと思います。初めて赴任した学校には常に生徒たちのことを最優先に考える素敵な先生方が多く、土日もない忙しい生活を、私も自然に心から楽しむようになっていきました。ただ、どうしても私の中に受け入れられないものが、生徒指導での体罰でした。子どもの頃から体罰が大嫌いだった私は、当然、「絶対に子どもに手は出さない」と決めていましたし、たとえ「指導が甘い」と言われてもそこは一貫していました。

他人の言葉をしゃべる人間にはなりたくない

当時の山形において、学校の教職員組合の加入率はほぼ100%でしたが、そんな中、私はただ一人、加入しませんでした。組合に政治的活動の色合いがある限りは入らないと心に決めていましたので、多くの信頼する先輩教員たちがその後も幾度となく誘ってくれましたが、「申し訳ありませんが、私には自分の価値観と異なる言葉を主張することはどうしてもできません」とお断りし続けました。新任教員がそんな生意気を言える時代でもなかったとは思いますが、皆さんは変わることなく、接してくれました。今頃になって、自由にさせてもらえていたことを感じています。

こうした環境で教師生活をスタートできたことは、私にとって幸運でした。職員旅行の宴席では、指導方法をめぐって議論が熱くなり、殴り合いを始める先輩もいて、皆で必死になって止めたこともあります。正直に言うと、その頃は「これで本当に教師か」と感じることもありましたが、当時の私の方がそう言われても仕方ないぐらいだったと思います。いろいろな意味で人間臭い人たちの集まりで、今でも当時のことを懐かしく思い出します。

「辞めよう」と思ったことも

その後、東京に移ってきて、最初に赴任したのが台東区の中学校でした。台東区のいわゆる「ナンバーワンスクール」で、生徒の6割以上が越境入学して来るような学校でした。でも、子どもたちはわがまま放題でした。人を色眼鏡で見たり、二枚舌を使ったりする子もいました。そんな子どもたちを教師は暴力で従わせようとし、さらにそんな教師にゴマをする子どもや保護者もいて、山形時代との違いにがく然としました。あまりのむなしさから、東京に移ってから2、3年の頃までは教員を辞めたいとも思っていたほどです。

でも、一方でうまくいかないことを環境や誰か人のせいにしてしまっている自分自身にも気づきました。「他人のせいにしてはいけない」。私自身が山形の教員時代、「あれほど生徒たちに言い続けてきたことなのに」と自分を情けなく思いました。とにかく、流されることなく、今までと同じように誠実に生徒たちと付き合おうと、やるせない思いをするたびに心を強くして仕事に臨んでいました。

次第に、山形時代と変わらず裏表なく接してくれる生徒たちの姿を見るにつれ、「子どもたちは何も変わらない。変えてしまうのは、教員自身のありようだ」と改めて自覚することができました。そして、「学習規律や生活規律など、山形と東京という、同じ日本の中の2地域を比較するだけでも、これだけ文化が違うなら、世界と比べればもっと違うのは当たり前。だとすれば、教員として教育にとって本当に大事なもの、本質をいつも見つめ直していかねば」と、ある意味今の私の原点とも言える姿勢が芽生えた時でもありました。

山形時代から私が重視してきたのは、生徒自身に「自治」をさせることです。学級の運営をはじめ、生徒会や学年委員会では、生徒たち自身にルールをつくらせ、その運用や管理のすべてを委ねるというやり方です。東京でのスタートも、自治活動が軌道に乗るにつれて、生徒たちだけでなく、学校も教師たちも確実に変わっていく実感を得ることができました。振り返れば、私自身にとっても、改めて教師としての誇りを取り戻したような経験だったように思います。

トップを目指そうと思った理由

　次に赴任した学校は、いわゆる「教育困難校」でした。いたるところにタバコの吸い殻が散乱し、対教師暴力、恐喝、窃盗などが常態化しており、学校全体が落ち着くまでに2年の時間を要しました。このとき感じたのは、「ある程度のスピードで学校を変えていくのに、一教員にできることには限界がある」ということです。初めて、「トップ（校長）を目指さねばならない」と思いました。教員を育てていくことや、組織を変えていくということに目が向き始めたのは、ちょうどこの頃、35〜38歳の頃だったと思います。

　期を同じくして、東京都の管理職選考の制度も変わりました。それ以前は、指導主事になるためには教育開発委員もしくは教育研究委員としての研究実績が必要だったのですが、新たに「A選考」という区分が設けられ、実績の有無に関係なく管理職選考を受けられるようになったのです。「A選考」に合格すると、教育委員会に入ります。それも承知で私は管理職選考を受け、都の教育委員会に配属されました。これから先、学校教育の仕組みを変革していくうえで、教育委員会の仕組みや実情を知っておくべきだと考えたからです。

　実際に配属されると、多くの学びを得ることができましたが、教育委員会という組織には実に多くの問題があることも知りました。また、とても人権感覚からはかけ離れた、古くからの悪しき習慣があることを、身をもって知ることもできました。とにかく上下関係が強く、上司や先輩に散々嫌な思いをさせられてきた人が、上になったとたんに同じことを下の人にするような実態もありました。「人権教育こそが何より大切だ」と学校に指導している人たちの感性がこの有様では、日本の教育はよくなるわけがない。絶対に変えなきゃ。と心に誓った時でもあります。

組織のなかでとった「戦略」とは

目黒区の教育委員会時代は、精神的にもきつかったですが、体力的にもボロボロでした。ほぼ毎日が3時間睡眠で、1〜2週間に1回は徹夜をしていました。もちろん、休日、祭日もありませんでした。はじめの2年間は、365日のうち休んだのは10日程度です。月に1日も休めないほどでした。今から考えると、信じられないほどの「ブラック企業」です。顔や体中にアトピーが出るし、頭はいつもフラフラでした。来客対応で1対1で話をしている最中に、ふっと意識が飛ぶことなど、日常的でした。役所のなかで倒れてしまったこともあります。そんな日々のなか、「とにかく負けてはいけない」「この経験もいずれ役に立つ」と、かつて教え子に話した言葉を自分に言い聞かせながら働いていました。

一方で、課題を見つめ、解決するための戦略を2年間ぐらいのスパンで冷静に考えている自分もいました。私は当時、課の「末席」にいました。「末席」「上席」とは教育委員会独特の言い方ですが、わかりやすく言えば、いちばんの下っ端です。そのため、指導主事系のラインの中では、新米が課題に対して何を言っても聞く耳を持ってくれないような雰囲気です。私はどうすればこの状況を打開できるだろうかと日々考えていました。

そのためにとった戦略は、「横のネットワークをつくる」というものでした。自分の上司ではない課長、あるいは別の課の人にこまめに声をかけ、情報交換を重ね、雑談のなかで交わされる依頼も積極的に引き受けていきました。そうするうちに、教育委員会内部でも少しずつ一目置かれるような立場になっていきました。

地道に信頼を得ていくなか、2年目の後半には教育長や次長とも直接話ができるほど、教育委員会内で物を言える立場になっていきました。自由に教育長室に入っていく私の姿に先輩指導主事は苦言を呈していましたが、上位目的のために何をするかという信念のもと、その後も自分のスタイルを貫いていきました。

教育委員会には、東京都を皮切りに目黒区、新宿区と計10年ほど在籍しましたが、指導主事になれば課長や教育長との接点もできますし、課長になれば教育長はもちろん、区長との接点もできます。付き合う人が変われば、見える世界が変わり、動かすことのできる範囲も変わるということを学びました。

教育委員会時代に経験したこと、学んだことは数え切れません。虐待を受けている子どもたち、不登校や引きこもりといった社会から離れてしまった子どもたち、発達に特別な支援を要する子どもたち、学校教育を取り巻く環境には山ほど課題があります。それらを救っていくためのネットワークや機能をつくっていく仕事は、現在の私のライフワークの一つにもなっています。

また、教育行政がこんなにも議会の力学の中で左右されるものだということも、教育委員会に身を置かねば絶対に知ることのできないことでもありました。目黒区教育委員会では、指導主事として学校の統廃合と教科センター方式の新校舎建築にも携わることができました。そのまま統廃合後の新設校の副校長に着任することもできました。3年後には、新宿区教育委員会にICT専門の管理職として異動し、総予算27億円の大金をかけて、新宿区立学校40校のICT化整備を推進したことも、今の私につながっています。その後、新宿区で教育指導課長を務め、千代田区に異動し麹町中学校の校長になったのは、2014年4月のことです。

自分が考えてきたことの延長線上に答えがあった

麹町中学校での学校改革については、よく「どうして、そんなことができたのか」と聞かれます。たしかに、宿題の全廃やクラス担任の廃止、定期テストの廃止、服装頭髪指導の廃止などは、学校関係者の多くの方々から、自分も考えたことはあったけれど、本当にできるとは思えなかったなどという声もいただきます。

できた理由を考えれば、私が教育学部出身者でないことや、勘や経験ではなく科学的・数学的に物事を考える習慣があったことも、大きかったかもしれません。最上位の目的を設定し、そこに向けて最適な手段を打つという論理的な手法は、経営の基本ということができます。しかし、改革は単に理論に基づくトップダウンでは決してできません。人を説得するための論理は大切ですが、何より大切なのは、共に歩むことです。常に私の根底にあるのは山形時代からの生徒たち、多くの教員たち、保護者の皆さんとの試行錯誤の体験です。山形の片田舎から出てきた一介の数学教師に過ぎなかった私が……、考えてみれば不思議なものです。

これまでのたくさんの出会いを思い出しながら、改めて「今、やらねばならない」との思いを強くしています。

2章

これからの学校、教職員

論点3

「多様性社会」に向けて必要な教育のあり方

国籍、性別、人種、年齢など、さまざまな人々が立場を超えて協働していく「ダイバーシティ（多様性）」が求められています。そうした時代を生きていくうえで、子どもたちにはどんな力が必要で、学校にはどんな役割が求められるのでしょうか。「多様性社会」に必要な資質・能力と、子どもたちがその力を身につけられるようにするための教育のあり方とは――。

「多様性社会」を生きるうえで必要な資質・能力

木村　工藤さんと出会ったときから、互いに言い続けていることの一つは、すべての子に必要な資質・能力と、それ以外の資質・能力を分けて考える必要があるということです。

勉強ができる・できない、障害がある・ないに関係なく、すべての子どもに必要なのは、10年後の「多様性社会」を他者と共存しながら自分らしく生きていける力です。これを子どもたちが身につけていくことを最優先とし、すべての活動を進めていかねばなりません。

障害のある子も、将来的に施設で暮らすとは限りません。地域で暮らす人もいるでしょうし、可能な限り、そうした選択肢を用意していくべきです。だからこそ、すべての子どもが、まずは多様性社会を他者と共存しながら生きていく力を身につけなければなりません。この「土俵」をきちんと築いたうえで、「私は医者を目指す」「僕は弁護士を目指す」といった具合に、一人ひとりの子どもが希望する未来に向かって、必要な知識・技能を積み上げていけばよいのです。

すべての子どもに必要な「見えない学力」

木村 大空小では、子どもたちが身につけていくべき力について教職員で話し合い、❶**「見えない学力」として4つに分類**しました。これ以外の能力が「見える学力」です。国際的・学術的には、「非認知能力」と「認知能力」と呼ばれているものです。すべての子どもに必要なのは「見えない学力」です。たとえば重度の障害がある子は、九九がわからなくてもかまいません。でも、多様性社会の一員として生きていく力は、絶対に獲得しなければならないものです。

私は常々「テストの平均点なんて、どうでもええ」と言い切っていました。大切なのは、人を大切にして、自分の考えを持ち、自分を表現し、失敗を恐れずチャレンジする力を養うことです。国語や算数、体育など、すべての授業はこれらの「見えない学力」を育てるための手段です。このすべての子どもに必要な学力を上位目標に置き、ぶれずに目指していこうと常に問い直しながらやってきました。

すると、驚くことに、「見える学力」もぐんぐんと伸びたんです。まったくの予想外でしたが、大空小の調査結果は全国1位の県よりも上回っていました。

❶具体的に、「人を大切にする力」「自分の考えを持つ力」「自分を表現する力」「チャレンジする力」の4つの力に分類しました。これらの力を子どもたちが獲得することを目指して、教育計画を練り上げました。

この結果を見た教育委員会の職員が、「どんな取り組みをしたのか」と聞いてきたので、「教えへんかっただけです」と返しました。するとその人は、「わけがわからん」という表情で帰られました（笑）。

現職の校長は、学力調査の結果を気にするくらいなら、「学校に来られていない子がいる」という事実を受け止め、それが意味するところを真剣に考えてほしいですね。友だちが学校に来られない状況があるなかで、学校に来ている子たちが、多様性社会を生きていく力なんて身につけられるはずがありません。

大空小の子は、友だちが学校に来なくなったら、どうやったら来られるようになるかを常に考えていました。教師の力なんて、微々たるものです。教員が一所懸命に研修を重ねて、名人芸や職人芸を身につければ子どもの学習権を保障できるなんて時代は、とうの昔に終わりました。

世界でも求められる「自律」「尊重」「創造」

工藤　子どもに必要な資質・能力という点で言うと、私は講演等でよく

❷OECDの「❸Learning Framework 2030」を使います。OECDでは1997年にDeSeCo（Definition and Selection of Competencies）というプロジェクトを通じて研究活動を開始し、2003年に最終報告を出しました。世界のトップクラスの方々が、実に6年もの時間をかけて出した報告書、それを改訂するかたちで出されたのが、この「Learning Framework 2030」です。

この図を見ると、本当によくできていると思います。最上位目的として、右上に「Well-Being 2030 Individual & Societal」、つまり「個人と社会の幸福」があります。そして、その達成のために、責任ある行動をとる力としての「自律」、対立やジレンマを調停する力としての「尊重」、新しい価値を創造する力としての「創造」を据えています。そして、そのベースとなるのが「Agency」、すなわち「当事者意識」です。さすが世界のトップクラスの研究者が集約したものだけあって、教育の本質をついているなと思います。

麹町中が6年間かけて全教員、子どもたちと共につくりあげた教育目

編

❷Organisation for Economic Co-operation and Developmentの略称で、日本語で経済協力開発機構といいます。国際経済全般について協議することを目的とした国際機関で、欧州諸国、アメリカ、日本などを含む34ヵ国の先進諸国によって構成されています。

❸OECDが2018年に公表したもので、2030年の社会を生きていくうえで必要なキー・コンピテンシーを示しています。

標「自律」「尊重」「創造」が、実は世界の目標と一致していたということは、私自身とても感動しました。改めて、これらを目指さねばならないんだと思っています。

この話をすると、なかには「一部のリーダーシップ教育を受ける生徒に限定される話ではないか」と言う人もいますが、そんなことはありません。たとえ障害や知的な遅れがあったとしても、同じような目標を掲げることは可能です。

木村　今の話にあった「自律」「尊重」「創造」を目指した教育は、幼児教育の段階からでも、当たり前にやっていくことができます。実際に、やっている幼稚園も少なくありません。でも、そうして育った「自律」「尊重」「創造」の芽も、多くの小学校では入学した途端につぶされてしまい、それが保護者の不信感につながっていくこともあります。

たとえば、多くの学校が、④**1年生の担任にベテランの教員を充てています**が、これはよくありません。もちろん、新任の教員が担任すれば、

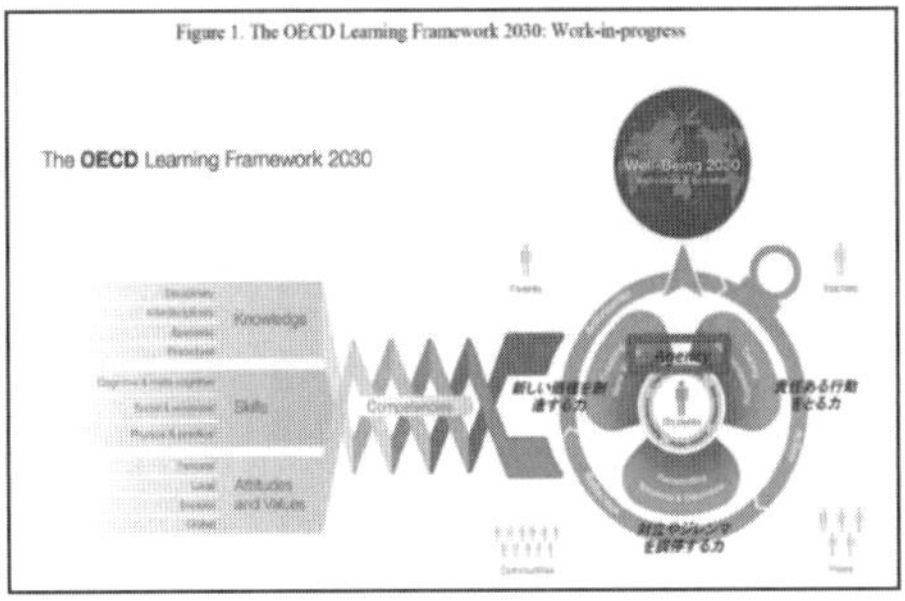

④1年生を担任したら、翌年は2年生、その翌年は再び1年生……といったかたちで、低学年ばかりをローテーションし、実質的に高学年の指導がで

授業中に歩き回って学級崩壊になるかもしれませんが、大切なのはチーム力です。

大空小では固定担任制を廃止したので、全教職員が6年間のスパンで一人ひとりの子どもを見るようにしていました。そうしているうちに、2年生、3年生と学年があがるにつれて立ち歩く子が減り、6年生になる頃には、すべての子どもが学びに向かうという事実を突きつけられました。これこそが、チーム力です。

合田 学習指導要領が基本に据えている「子どもたちが未来社会を自立して切り拓くための資質・能力」もまさに同じですね。それは、人工知能（ＡＩ）の飛躍的進化やSociety5.0時代だから、プログラミングができて、英語を流暢に話せる力といった表層的なことではありません。

未来社会は、目の前の子どもたちが新しい価値や文化を創造してわれわれ大人を乗り越えることで発展する**「出藍の誉れ」**[5]の時代。したがって、今大人が子どもたちにできることは、特定の知識を教えることを超えて、

きなくなっているような教員もいます。

編 [5]しゅつらんのほまれ（弟子がその師を上回ること）。

編 [6]集団において、少数意見を持つ人に対して、周囲の多くの人と同じように考え行動するよう、暗黙のうちに強制すること です。

⑥**同調圧力**のなかで付和雷同したり他人任せで考えることを止めたりするのでなく、自分の足で立って自分の頭で考え、他者と対話することの大事さを共有できる学びを提供することです。これらの学びのなかで育まれる

- 教科書や新聞、新書などの内容を頭で⑦**ベン図**などを描きながら構造的に正確に読み取る力
- 歴史的事象を因果関係で捉える、比較・関連付けといった科学的に探究する方法を用いて考える、などの教科固有の見方・考え方を働かせて、教科の文脈上重要な概念を軸に知識を体系的に理解し、考え、表現する力
- 対話や協働を通じ、新しい解や「納得解」を生み出そうとする態度

などが、多様性のなかで自分とは異なる他者と当事者意識を持ってかかわろうとすることにつながるのだと思います。

これらは、「書くことは考えること」という指導、多様な子どもたちが共に学ぶなかでの「学び合い」「教え合い」の学校文化、教科教育研究や授業研究といった固有の財産を持つわが国の学校教育が150年にわたっ

編 ⑦集合の関係をわかりやすくするため、全体集合を長方形で、部分集合を円で表した図のことです。

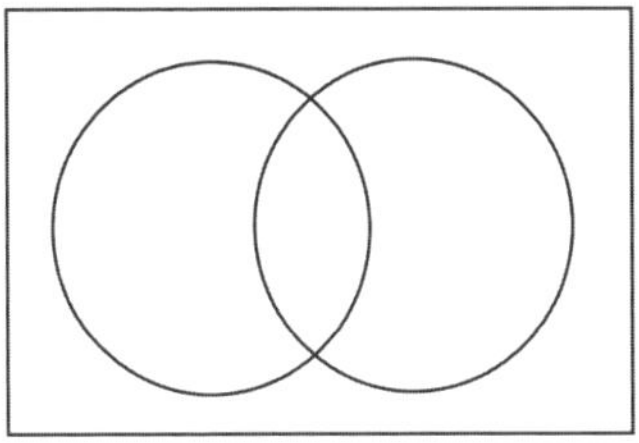

て重視してきた力そのものですが、この蓄積を引き出すためにも、学校における学びは進化しなければなりません。私はそのことをいつも、「浮き足立つ必要はないが、変わらなければならない」と申し上げています。

障害のある子もない子も同じ「土俵」に乗る

木村　**❽特別支援教育の目的**は、障害のある子を育てることではなく、障害のある子の周りの子を育てることだと私は考えています。その目的を見失っているから、「通級」や「交流・共同学習」なんてことをしている。こうした施策の主語は、教師であり学校であり文部科学省です。そして、**❾特別支援学校・特別支援学級**に入らない子が「普通」、入る子が「特別」とレッテルを貼る。

　そんな状況のなかで、「普通」の子が、はたして「特別」の子を対等に見るでしょうか。きっと「自分たちは特別支援学級の子より上」という誤った考えを持ってしまうでしょう。これは子どもが悪いんじゃありません。

❽かつては「特殊教育」と言われ、「養護学校」や「特殊学級」での教育を指す言葉でした。現在は障害のある子もない子も同じ教室で学ぶことを目指した「インクルーシブ教育システム」の理念のもと、特別支援教育はどの学校・教室でも必要な教育とされています。

編　❾特別支援学校に在籍する児童・生徒数は14万3千人、特別支援学級に在籍する児童・生徒数は25万7千人（2018年5月1日現在）、通級による指導を受けている児童・生徒数は10万9千人（2017年5月1日現在）といずれある先生が、「うちの学校の生徒たちは、特別支援学級の子どもたちのことをよく理解していて、差別もしないし、思いやりを持って接しています」と話されました。その瞬間に、「そうした捉え方をしていること自体が間違いです」と言ってしまった自分がいました。
どんな子も立場は対等であり、「差別をしない」とか「思いやりを持つ」とか、そんなレベルの話ではありません。まずは、障害のある子もない子も同じ「土俵」に乗ること。「個別最適な学び」は、そのうえで見つけていけばいいのです。

工藤　今のお話をうかがって、障害のある子もない子も関係ない、「線を引かない教育」というのが大事なのだと改めて思いました。日本の教育は、細かいレベルで見ると実に多くの問題を抱えています。でも、抱えている問題を問題として認識できていないケースが実に多い。たとえば、学習指導要領が「生きる力」として「知」「徳」「体」の育成を掲げていることを受けて、学校教育目標を「自ら学ぶ子」「思いやりのある子」「心

も過去最多で、増加の一途をたどっています。

身ともに健康な子」などとしている学校が山のようにあります。

でも、三つ目の「心身ともに健康な子」と目標に掲げるなどは、インクルーシブの視点から言えば最悪です。生まれながらに障害のある子だっているし、どんなに元気な子であっても、心の病になることだってありますよ。私にはこの教育目標が、そうした子どもたちの存在を無視しているように感じます。

「こうした教育目標を掲げてはいけませんよ」ということを、できれば文部科学省が国として示すべきです。ダイバーシティやインクルーシブの時代にふさわしい教育目標を立てなければならないんですよと、国が勇気を持って発信できるようになれば、日本の教育は一気に変わるんじゃないかと思っています。

学校の「最上位目的」を改めて考える

合田　私が霞が関で仕事をしていても、メディアの情報を見ていても、共通して感じるのは「自分は正常、相手は異常」と線を引きたがる人が多いということです。

たとえば引きこもりの人に対してもそうだし、依存症の人に対してもそうです。あるいは、新型コロナウイルスに感染した人に対する社会的な差別意識にも垣間見られます。根底に流れているのは、「自分は正常で、相手は異常。だから、叩いてもいい」という意識です。

でも、本当にそうなのでしょうか。依存症で言えば、私を含めて霞が関にいる官僚のほとんどは「仕事依存」です。そんなわれわれは、もし仕事を取り上げられれば、間違いなくアルコールや薬物など仕事以外の何かへの依存に陥りかねないし、実際にそんな例もありました。依存症というのはまったく他人事ではないのです。

2013年に⑩**アルコール健康障害対策基本法**が成立しましたが、この法律には、アルコール依存症は誰でもなり得る病気であり、支援と回復が必要である旨が明記されました。立法府で法律ができると、われわれ行政府の官僚の発想はガラリと変わります。つまり、今までは依存症については、「ダメ。ゼッタイ。」とか「人間やめますか」とか言っていま

⑩私が聞いた話によると、この法律の制定にかかわった国会議員の一人は、親がアルコール依存症だったそうです。その人にとってアルコール依存症は、全く他人事でなかったのだと思われます。

したが、誰もがなり得るのが依存症なのだから、「異常な人」と切り捨てるのではなく、支援と回復をどう図っていくかというスタンスに変わります。つまり、ここで最上位目的が切り替わったわけです。

一方で、学校の多くは工藤先生がおっしゃったように「心身ともに健康な子」といった目標を掲げ続けています。でも、誰だって心が苦しくなることもあれば、どこか⑪**自分自身のこだわりや偏った部分**があるはずです。

大事なのは、自分の今の立場が絶対だと思い込んで他者との間に線を引くのではなく、同じ「土俵」で他者と協働する経験を積み重ねることです。それが学校の最上位目的であることを、まずはこの座談会で明確にしたいですね。

先ほど、工藤先生は「文部科学省が国として示してほしい」とおっしゃいました。木村先生のおっしゃる「土俵」のことはしっかり発信したいと思います。他方、「心身ともに健康な国民の育成」という規定は、昭和22年の教育基本法の制定以来、平成18年の改正を経て今まで74年にわたっ

⑪私には、「毎日同じ背広を着ないと不安になる」という、少し変わったこだわりがあります。うまく説明ができませんが、そうしないと不安になるのです。

て一貫しています。先程のアルコール健康障害対策基本法のように、国民の代表者で構成される立法府で対話し、議論し、合意していくことも本当に大事だと考えています。

特別支援教育の最上位目的

木村　数年前、ある中学校を訪ねたときのことです。この学校では、不登校ぎみの子が職員室前の廊下に机といすを持ってきて学ぶなど、生徒たちが自分で学びの場を選んでいました。生徒たちは自由に学ぶ場を選び、なかには授業を抜け出して校長室を訪れ、校長と雑談をしている子もいました。校長先生は「こうやって誰もが学べる場がようやくできたんです」と話をされていました。そのこと自体、とてもすばらしいことだと思いました。

ところが、そんな学校なのに、障害のある子とない子は別々に学んでいました。私がドアを開けて特別支援学級に入っていくと、生徒たちは黙々と模型のようなものをつくっていました。障害があるという理由で、ほかの生徒たちとは別の空間で面倒を見てもらっているわけで、これではこの子たちの「選択」も「自律」もありません。

通常学級の子が自由に学ぶ場を選んでいるのに、特別支援学級の子は鵜匠《うしょう》につながれた鵜のように、自由に学びの場を選べていない。同じ学校の中に、自分の意思で動ける子どもと動けない子どもがいるわけです。

私は単に「一緒に学ぶべきだ」とか「特別支援学級をなくせばいい」などと言っているわけではありません。子ども同士が対等な関係のなかで違いを認め合っていくことが、幼児教育から小学校、中学校、高校とつながっていかなければ、**共生社会**⑫なんて絶対に実現しないと考えているのです。

私自身、講演等でそのことをはっきり言いたいのですが、「じゃあ、すべての子どもを一つの教室に放り込めばそれでいいのか」と受け止められる危険があると、躊躇しています。

一緒にすればそれでよいという話ではもちろんないのですよ。子どもたちが一緒に学んでいく過程では、教職員や保護者、地域住民などの大

編 ⑫これまで必ずしも十分に社会参加できるような環境になかった障害者等が、積極的に参加・貢献していくことができる社会であり、誰もが相互に人格と個性を尊重し支え合い、人々の多様なあり方を相互に認め合える、全員参加型の社会のことです。

編 ⑬正式名称は、「部落差別の解消の推進に関する法律」で、2016年12月に施行されました。この法律では、部落差別が許されないものであることを宣言したうえで、その解

人たちによるコーディネートが不可欠で、そうした支援がなければかえって混乱を招きます。

「障害者」に対する偏見と差別は、非常に根深い問題です。⑬**部落差別解消法**が成立しても、部落に対する差別が消えないのと同様、障害者に対する偏見・差別も、日本の長い歴史のなかでつくられてきました。腐っている大もとの蓋を開けずに、その上にどれだけ法律や制度を積み重ねても、⑭**やまゆり園のような事件**が消えることはありません。だからこそ、まずは障害のある子もない子も同じ「土俵」に乗ることが必要なのです。

工藤　日本は国際的に見て、特別支援教育が遅れていると批判されていますが、かけているお金だけを見れば世界トップクラスなんです。つまり、障害のある子を「守るべき存在」というくくりで捉え、手厚い支援を講じているがゆえに、膨大なお金がかかっているのです。

見方を変えれば、通常学級での教育があまりにも画一的なために、そうやって線を引かざるを得なくなっているのだと思います。

消に向けて国や地方公共団体が「相談体制の充実」や「教育及び啓発」に取り組むことなどが謳われています。

⑭2016年7月26日未明、神奈川県相模原市の障害者施設「津久井やまゆり園」に刃物を持った男が侵入し、入所者19人を刺殺した事件です。犯人が「重度障害者を安楽死させれば世界平和につながる」と語るなど、障害者に対する根深い差別意識が事件の背後にあります。

木村　そうやってお金をかければかけるほど、子どもたちは分断されていくわけです。たとえば発達障害の子がいるからといって介助員を雇えば、その介助員は一人の子にべったり寄り添って、手厚く指導するでしょう。それがよいとなれば、さらに校長は介助員を雇おうとする。つまり、お金をかけて人を入れれば入れるほど、子どもたちの学びの場は分断され、インクルーシブな世界とはかけ離れていくのです。

特別支援教育は、障害のある子が社会で自律できるようにするために行われるものです。では、重度の障害のある子が、10年後の社会を自分らしく生きていくために、どんな力が必要なのか。健常と言われる人に迷惑をかけないために自分のことができるようにしてやらなければといった「自立」はもう断捨離しませんか。

いつも他者と共に学び合うなかで、困ったときに「助けて」と伝える力が「自律」です。特別支援教育の目的は、「障害」のある子どもの周りの子どもたちを育てることです。困っている子の周りの環境を豊かにすることです。支援担当の仕事は、「子どもと子どもをつなぐ」コーディネートです。

「自律」とは「互いが適切に依存し合う」こと

合田 「自立」について言えば、自分のことは全部自分でやって、他人に迷惑をかけないことが「自立」だと多くの人が思っています。

しかし、本来の「自立」とは、互いが適切に依存し合うことなのだと思います。学校や社会が、「人様に迷惑をかけるな」と言い過ぎた結果、他人に迷惑をかけないことが自立という認識が広がってしまったのではないでしょうか。

山田太一は、**ラフカディオ・ハーン**[15]を描いた1984年のNHKドラマ『日本の面影』で、ハーンに、帝国大学の学生に対して「君たちは、独立自尊をよく口にする。しかし人は果たして自分ひとりで、よく独立を保てるだろうか？（……）西田さん（島根県尋常中学校の西田千太郎教頭）はよき自立は、よき相互依存によらなければならないことを教えてくれました」と語らせています。

編 [15]ギリシャに生まれ、1890年に来日し、その後日本に帰化しました。「小泉八雲」として、多くの著作があります。

自立とは互いに適度に依存し合うことであり、このことを子どもたちに伝えることが公教育の使命だと思います。だからこそ、子どもたちと向き合う教師自身が、自分の足で立って自分の頭で考え、他者と対話し協働する大人であることがなによりも大事であり、そんな先生方を支えるのが教育行政の役割だと考えています。

木村　本当にそのとおりで、日本では障害のある子が他人に迷惑をかけないよう、少しでも健常者に近づけるようにすることを目指して、特別支援教育が行われています。そんな教育が幼児教育、小学校を通じて行われれば、中学生になる頃には子どもたちに「俺とあいつは別」という意識が植えつけられるのは当然でしょう。

障害のある子が自律するためにも、小学校の6年間、中学校の3年間を通じて、障害を長所に変えていく必要があります。これこそが、特別支援教育における「個別最適な学び」です。そのためには、周囲の環境も含めて育てていくしかないというのが、大空小での実践を通じて得た私なりの結論です。

世間的には、通級や交流学習をしていれば、特別支援教育を実践しているということになっています。ではなぜ、文部科学省がインクルーシブ教育システムの推進を掲げて以降、**⑯いじめや子どもの自死が減らない**のでしょうか。

この現実を受け止め、もう一度子どもの「事実」から、特別支援教育のあり方を再構築していく必要があります。

特別支援教育のあり方を改めて見直す

木村　特別支援教育の領域では、エビデンスに基づかない教育が日常的に行われています。「個々の教育的ニーズに応じた特別な支援」という看板は掲げているものの、現実には「あの教員には学級担任を任せられないから、特別支援学級をやらせよう」といった感じで、担任の配置が行われています。それこそ一度、文部科学省には調査してみてほしいですね。

⑯いじめの認知件数は増加の一途をたどり、直近の2019（令和元）年度の調査では、61万2496件にものぼっています。また、成人の自殺が減少しているにもかかわらず、児童・生徒の自殺は一向に減っておらず、さらにコロナ禍においては増加傾向にあります。

もちろん、麹町中のようにそうではない学校もありますが、それは一部に過ぎません。特別支援学級は本来、支援を必要とする子が自分のありのままを出しながら、周囲の子どもたちの力を活用して成長していく場であって、そうした環境をつくれる教員が必要なのです。そう考えれば、本当なら学校のなかで一番信頼できる教員を充てなければいけません。

インクルーシブ教育については、実現に向けた施策として通級や交流学習が行われていますが、その結果として、障害のある子がどんな思いをしているかを考えてほしいものです。

教員から、通常学級の子どもたちの迷惑にならないように、「あいさつができるようになりましょう」とか「行儀よく振る舞えるようになりましょう」とか、日々そんな指導をされている事実が、残念ながら多くの学校であります。そんな指導を受けながら、どうやって社会の一員になり社会をつくっていくのでしょうか。障害のある子は、生まれた時に障害という個性がついてきただけで、本人には何の罪も問題もないのです。

発達障害も、エビデンスに基づかない状況のなかで、多くの子どもたちがそのレッテルを貼られています。その結果、「迷惑をかけないようにしよう」「家から出ないようにしよう」などと思い込み、暗闇のなかを歩いている子どもがたくさんいます。今の特別支援教育は、そんなつらい思いを抱える子どもたちを生み出し続けています。

工藤　山口県萩市出身の切り絵画家に、上田豊治さんという方がいます。この方は重度の自閉症なのですが、たまたま出会った先生から絵を学び、今は切り絵画家として活躍しています。私も個展を見に行ったことがあるのですが、作品づくりに対する集中力はすさまじいものがありました。そのように発達に特性・偏りのある人については、集中できること、夢中になれることを多様な視点・切り口から見つけ出し、伸ばしてあげることができれば、将来の就労にもつながっていくと思います。

「そんなの理想論だ」と言う人もいるでしょうが、たとえ理想論であってもそこを目指していかなければなりません。

これからの特別支援教育
特別支援教育の真の目的
障害のある子が社会で自律できるようにする
そのためには　障害のある子の周りの子を育てる
Point3
障害のある子もない子も
同じ土俵にのることが必要
Point4
線を引かない
自分は正常
レッテルを貼らない
ふつう
特別
相手は異常
違いを
認め合う
対等
Point5
教師に求められること
自律とは
互いに適度に依存し合うこと
と子どもに伝える
自分の足で立ち
自分の頭で考える
教師が
他者と対話
協働

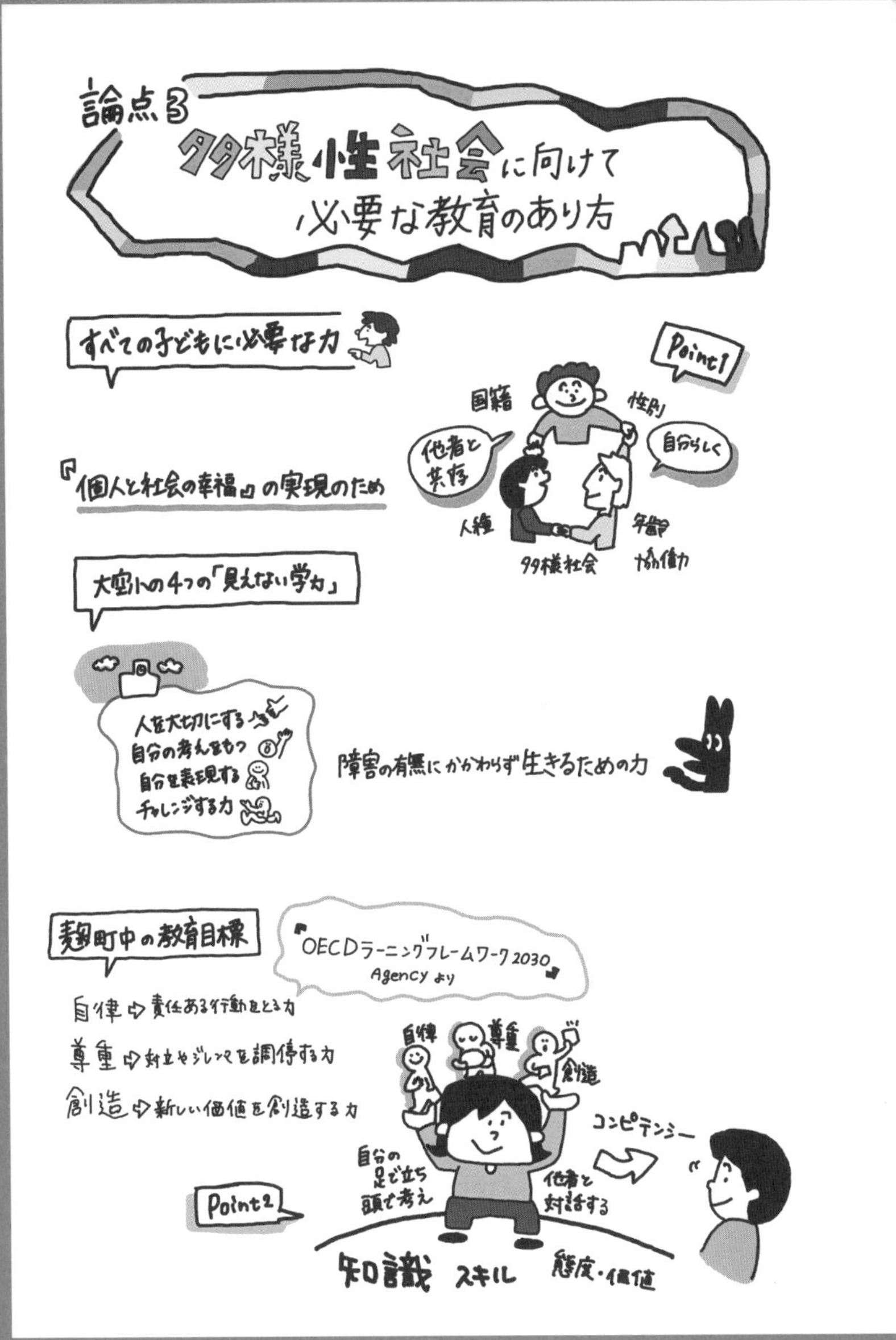
論点3
多様性社会に向けて
必要な教育のあり方
すべての子どもに必要な力
Point1
国籍
性別
他者と共存
自分らしく
人種
年齢
多様社会
協働力
「個人と社会の幸福」の実現のため
大空小の4つの「見えない学力」
人を大切にする
自分の考えをもつ
自分を表現する
チャレンジする力
障害の有無にかかわらず生きるための力
麹町中の教育目標
「OECDラーニングフレームワーク2030
Agency より」
自律 ⇨ 責任ある行動をとる力
尊重 ⇨ 対立やジレンマを調停する力
創造 ⇨ 新しい価値を創造する力
自律
尊重
創造
コンピテンシー
自分の足で立ち頭で考え
他者と対話する
Point2
知識
スキル
態度・価値

私が受けてきた学校教育と、学習指導要領改訂

合田 哲雄

小学校低学年の頃の記憶がない

私は岡山県の倉敷市で育ちました。私の父は高校・大学・大学院と一貫して学生運動をしていたなかなかラディカル（過激・急進的）な人で、まだ幼い私に「教師っていうのは親切そうな顔をしていても、最後は体制側につくんだからな」と話すなど、かなりの変わり者だったと思います。

そのような父でしたから、私は当然、「学校とは何か」がわからないまま地元の公立小学校に入学することになります。教科書も教材も準備しない、授業中にノートもとらずフラフラと教室を歩き回る、テストも白紙で出すような子どもだったそうです。「だったそうです」というのは、私にはこの頃の記憶が全くないのです。そのため、いまだに乗法九九を十分習得しているとは言えず、高校受験や大学受験では単純な計算ミスに苦労しました。

そんな私のことを母は心配しましたが、小1のときの担任のベテランの先生は、「子どもの育ちは一人ひとり違うから心配することはない」と言ってくれたそうです。母は、その言葉にずいぶん救われたと振り返っていました。

小3で得心したこと

転機となったのは小3のとき。担任となった若い女性の先生がとても指導熱心で、前向きに学ばない私を放課後の教室に残し、そもそも学校とは何か、何のために学ぶのかを丁寧に教えてくれました。今になって思い返すと、おそらく、大人になれば教科の縦割りを越えた総合問題と日々向き合うことになるが、人生における場面々々での意思決定の質を高めるには、知識や思考を便宜上教科という単位に分節し、それぞれの教科について先生が教科書を使いながら説明し、生徒はそれを理解してノートをとり、理解したことをペーパーテストで表現して習熟を確認する――その繰り返しを土台にこれらの知識や思考を統合する力が必要で、そのような力を身につけるのが学校における学びだということを教えてくれたのではないかと思います。

この小3の担任の先生の説明には深く得心し、以後私はこの学習サイクルにはまり、勉強に熱心に取り組むようになりました。私は文科省において2回にわたって学習指導要領の改訂に携わりましたが、このときに得心したことが通奏低音になっているように思います。

小6のときの担任の男性の先生はとてもおもしろい人でした。「きみたちは大学へ行ったら22歳で卒論を書く。だったら今、10年飛び級をして小学校でも卒業論文を書いてみよう」と、原稿用紙100枚の卒業論文の作成を私たちに慫慂《しょうよう》しました。

それがとっても楽しかったのです。私は聖徳太子について夢中で調べ、論文を書き上げました。担任の先生がすべて丁寧に目を通してコメントしてくださいました。これは私にとって、本当に大事な探究的な学びでした。

この先生が、NHKのファミリーヒストリー「フジコ・ヘミング〜母の執念 魂のピアニスト誕生〜」（2020年2月24日放送）で、フジコ・ヘミングさんが疎開していた岡山県総社市の小学校で彼女が使っていたピアノがまだ現存していることを元校長として紹介なさっているのを拝見したときは、本当にうれしく思いました。音楽や美術、工芸が大好きで構想力のある先生には、今でもときおりご連絡申し上げています。

こうした経験もあって、私は学校教育には恩義を感じています。私にとって家族、とくに父親からの自立の大きなきっかけを与えてくれたのは小学校の先生方でした。

「見方・考え方」を教えてもらった中・高時代

進学した地元の公立中学校で印象的だったのは、中2のときの英語の女性の先生です。社会科で「人民公社」「コルホーズ・ソホーズ」などを習っていた1983年のある日、突然「近い将来、鉄のカーテンはなくなり、冷戦は終結する。そうなると、人や資本、情報が東から西へ流入してきて、世界の構造が変わる。その影響は日本にも及ぶ」と言い出しました。

みんなポカンとしていましたが、私はかなり衝撃を受けました。さらにその先生が後日、「これを読んでみなさい」と野坂昭如《あきゆき》の『オペレーション・ノア』という小説を私に貸してくれました。世界第2位のGDPを誇る先進国、総中流社会などと言われていた1980年代のわが国でしたが、実はその基盤はきわめて脆弱で、世界のスーパーパワーの動向やオンラインシステムの暴走といったちょっとしたことで、いともたやすく崩壊する様子を描く野坂昭如の世界にも圧倒されました。その先生は、外国語の言語や文化を学ぶことで可能となる「見方・考え方」を私に教えてくれたのだと今になって思います。

小3のときに、「その学びの目的を得心するからこそ学ぶ」というシンプルな学習観が確立してしまったため、中学生時代も、学ぶ理由を得心した教科・領域に集中していましたので、当然、成績にはムラがありました。当時、岡山県立高校の入試は「総合選別」といって、倉敷市内の県立高校4校をひっくるめて受験し、入学先が割り振られるシステムでしたので、そのおかげで何とか合格できましたが、首都圏のように学校ごとに細かく偏差値が分かれているシステムだったら失敗していたでしょう。

文部省入省後、霞が関の同僚たちは、自分が興味のない分野であったとしても我慢強く、粘り強くまんべんなく勉強し、いかに私よりもはるかに高い偏差値だったかを知り、なんだか申し訳ない気になりましたが、後悔はしていません。

高校時代の社会科の先生は、「歴史は暗記科目ではない。過去を対象にした社会学であり、人間洞察の学問だ」と話されていました。たとえば、平安時代における天皇家をめぐる藤原家とそれ以外の貴族の骨肉の争いを政治、経済、外交、生活、文化などに横串を通して説くその授業には圧倒されました。

「三角大福中」（三木武夫、田中角栄、大平正芳、福田赳夫、中曽根康弘の5人のこと）と言われた当時の派閥政治も真っ青の権力闘争が、外交はもちろん文化や芸術、思想や宗教に至るまでこんなに大きな影響を及ぼしているのかと驚嘆しながら受ける授業は、私だけではなく同級生の人気も高かったです。その先生が教えてくださった、歴史を因果関係で捉える、相互作用や比較の視点で捉えるといった「見方・考え方」は、霞が関で仕事をするうえで重要な土台になっています。

私の当時の趣味の一つは、岡山県議会の傍聴でした。学校が代休になるといそいそと県議会に出向き、傍聴しました。社会の仕組みに対する関心がさらに強まり、遠い存在だった知事や議員が身近な存在に感じられました。当時は自治官僚だった長野士郎さんが知事で、先日倉敷で現職の県議会議員の方と話しているなかで、その議員の父親も議員でいらしたので、「お父様が議場におられたことを覚えていますよ」と申し上げ、大いに盛り上がりました。

官僚を目指した理由

母親によると、私は幼少の頃からなぜか国会中継を熱心に視ていて、なかでも官僚に興味を示していたそうです。その思いが明確になったのは中学生の頃。１９８４年にＮＨＫで「日本の面影」というラフカディオ・ハーン（小泉八雲）を主人公としたドラマが放映されました。そのドラマに、ハーンとニューオリンズの博覧会で出会い、彼が来日後に公私にわたって支援をした服部一三《はっとりいちぞう》という文部・内務官僚が出てくるのですが（津川雅彦さんが演じていました）、この人に強く憧れました。明治維新後、近代化が進み、古来のよさが失われていく日本社会を憂うハーンに気持ちを揺さぶられながら、他方で近代化が確実に国民の生命や生活の質を向上させているなかで、「国民の幸せとは何か」を真摯に考えるその姿に惹きつけられました。

余談ですが、当時の私は「父親から自立したい」という強い思いから、自分の適性をかえりみず防衛大学校へ行こうと思ったこともあります。防衛大学校ならば、親から経済的な支援を受けずに学ぶことができるからです。偶然、母方の祖父が軍人だったときの後輩が防衛大学校の幹事（副校長格の自衛官）をしておられたので、高1の夏休みに防衛大学校に幹事を訪ね、校内を案内してもらいました。

1日お付き合いいただいたうえで、当時陸将補でいらした幹事が「きみは官僚の方が向いている。どんな道でも国に貢献することはできる」とおっしゃってくださいました。1日お付き合いいただき、私の適性を見抜いてくださったのです。

その後、文部省に入省が内定した際に報告とお礼のお手紙をお送りしたところ、本当に喜んでくださいました。私も一高校生に1日付き合ってくださった幹事に心から感謝しています。幹事のアドバイスを受け、国立大学の法学部を目指そうと決意しました。

「ゆとり教育」批判が吹き荒れるなか、学習指導要領改訂を担当

私はこれまで、二度にわたって学習指導要領の改訂にかかわったので、「初中局（初等中等教育局）の人」というイメージを持たれているとよくお聞きしますが、初中局にいたのは28年のキャリアのうち8年だけです。最も長く在籍してきたのは高等教育局で、主に大学関係の仕事をしてきました。

学習指導要領、義務教育費国庫負担金や義務教育標準法、教員給与特別措置法などの「システム」を中心に行政が運営されている初中行政と違い、大学行政は「固有名詞」の世界です。これまで誰も考えもしなかった新しい研究や革新的な教育を始めようとする研究者や大学教員と個別に対話を重ね、これはという構想を支援していくという行政です。

そうした仕事に携わるなかで、教育行政は初中局的な「システム」と高等教育局的な「固有名詞」のバランスとこの双方のキャッチボールが大事だという感覚が、私のなかに根づいていきました。

初中局財務課長として、都教委や区教委ではなく千代田区立麹町中学校とジョイントセミナーをしたり、SNSで2000人近い教育関係者とつながりコミュニケーションを図ったりといった方法を私が好むのは、高等教育局的な発想のゆえかもしれません。

私が文部省に入ったのは1992年ですが、初めて初中局に異動したのは2005年です。

当時、「ゆとり教育」批判が猛烈に吹き荒れ、教育課程行政のあり方自体の見直しが不可避という認識が省内で横溢《おういつ》していました。私と同じくどちらかと言えば高等教育局勤務が長かった常盤豊さんが教育課程課長に就き、私が教育課程企画室長に配属されたのです。

2017年の改訂では担当課長に

従来の教育課程行政は教科ごとの独立性が強く、各教科調査官が形にしてきたものを取りまとめるようにして学習指導要領の改訂が行われていました。そうした手法を根本的に改め、2008年改訂では「言語活動」という共通の横串を通したうえで、各教科を通じてどのような力を育んでいくかを具体的に考えたわけです。

この改訂で、「二次方程式の解の公式」や「遺伝の規則性」などが復活しましたが、それは「ゆとり教育」が批判されたからその反動で戻しただけ、ということではありません。「ゆとり」か「詰め込み」かという不毛な二項対立を乗り越え、子どもたちが次代を担う力を育むためには、あらゆる教科で数字を含む「言葉」を使って認識し、思考し、表現し、対話することが不可欠であり、このような学びにとって必要な内容かどうかを吟味した結果です。

このように2008年改訂においては、社会の構造的変化をリードするための資質・能力とは何か、それを育むために必要な言語活動を具体的にどう教科横断で位置づけるかという大きなストーリーを描いたうえで、教育内容が見直されました。このような枠組みで学習指導要領を改訂するという考え方は、それまでの教育課程行政にはなかったものです。

実を言うと、２００８年改訂のときにも真正面から「資質・能力」という横串を各教科に通したいという思いもあったのですが、当時はまだ資質・能力論の学問的な蓄積を行政が活用できる段階に至っていなかったものですから、活動に着目して「言語活動」を横串にした経緯があります。その次の改訂では、ぜひ「資質・能力」を共通の横串にしてもらいたいと期待していたら、私自身が２０１７年改訂の担当課長を務めることになりました。

今般の改訂では、ご存じのように「資質・能力の三つの柱」を立て、「何を知っているか」という知識の体系だった学習指導要領を「何ができるようになるか」という資質・能力の体系へと転換しました。

この改訂に携わるなかで、私自身の学びを支えてくださった先生方がおっしゃっていたことや、培ってきた学習観が一つの通奏低音となって形になっていくという意味において大きなやりがいを感じておりましたし、教育行政に携わる者として冥利に尽きるものだったと思っています。

論点4

これからの時代の教員はどうあるべきか

学校の多忙化が著しく進み、昨今は「ブラック」な職場とすら言われています。そうした実情が明らかになるにつれ、教職志望者の減少、教員不足などの問題も顕在化しています。この状況を打開するために何が必要なのか、そしてこれからの教員にはどのようなことが求められているのか――。

長時間働くことで評価される組織文化

工藤　コロナ禍以前から、公立学校はあまりにも多忙で、機能不全を起こしていました。そこで、学校のあり方を見直さねばならないと、❶**学校の「働き方改革」**が進められてきたわけです。その最中にコロナ禍で休校と

編　❶「働き方改革」は、安倍政権の目玉政策の一つで、教育分野においても2019年1月に中央教育審議会が答申を取りまとめました。具体的には、これまで学校・教師が担ってきた業務の在り方が整理され、1年単位の「変形労働時間制」の導入などが示されました。

なって、教員は定時どおりに帰宅し、さらには自宅からオンライン授業をするなどの状況が生まれました。そんな日々のなかでやりがいが生まれ、モチベーションが高まり、新たな教育実践に挑戦した教員もたくさんいました。

ですから学校再開が決まった後は、「ようやく人間らしい生活を取り戻したのに、また元に戻るのか……」と、重たい気持ちになった教員も多くいたと聞いています。それほど学校の教員は忙しかったのです。

残念なことに、一部の自治体では休校期間中、教員が何もしていないと保護者から批判があったため、❷**家庭訪問**をするように指示したり、子どもたち一人ひとりに手紙を書くように指示したりしました。

たしかに不安な子どもたちの気持ちに寄り添った対応ではあるかもしれませんが、個人的にはやり過ぎのような気がしています。日本社会は、長時間献身的に働くことで評価される時代が長く続いてきたこともあり、そうした組織文化が学校のなかにも根強く残っているのでしょう。

編

❷今回の休校期間中、多くの自治体が学校に家庭訪問を実施するよう指示しました。課題プリントの配付や回収なども兼ねての措置でしたが、一部関係者からは「はたして意味があるのか」「電話でよいのではないか」などの声もあがりました。

木村　同じような話が、まさにわが家でもありました。うちは2世帯住宅で、2階には娘一家が住んでいます。孫は小6で卒業式を控えていたのですが、ある日郵便受けに卒業式で行う「別れの言葉」のシナリオが入っていたんです。何だろうと思っていると、担任から電話がかかってきて、「○○さんのセリフは……」と丁寧に説明します。それを聞いた孫は「何これ？　劇？」と（笑）。母親の娘も「ほかにやることないん？」とひと言。

工藤さんが言うとおり、「先生が一所懸命に働いている姿を家庭に届けよう」という考え方は、多くの教育関係者にあると思います。

なぜ「働き方改革」をしないといけないのか。答えは一つしかありません。それは子どもが育っていないからです。学校がサービス産業と化し、とにかく丁寧に手をかけ、親に苦情を言われて「迎えに来い」と言われたら迎えに行く。そのなかで、子どもがいっこうに育っていません。その結果として、教員の多忙化が進んでいます。

大空小の教職員の働き方

木村　大空小では、開校して3年くらいの間は、精神的にも肉体的にもとても苦しいものがありました。他校の校長が「うちの学校には発達障害が8人もいる」なんて嘆いていましたが、大空小には50人いました。当然、トラブルも多く、「もう無理や」と思ったこともあります。

　そんな日々のなかで、あるときから校長の仕事はリーダーシップをとることではなく、自ら行動して失敗し、それをさらけ出すことだと考えるようにしました。校長自ら行動することで周囲の教職員も安心して行動できるようになり、結果として一つのチームになっていきました。

　その後も、学校では連日トラブル続きでしたが、それをきっかけに子どもの他者理解は深まっていきました。子どもの育ちが目に見えてくると、不思議なことにまったくつらくありません。超過勤務もなくなり、「仕事は勤務時間内で！」が合言葉になりました。校長の私も「勤務時間は17時やで。③**それ以上働いても、給料出んのやから**」と帰っていました。

　もちろん、子どものことで突発的なことが起きて、夜遅くまで残るこ

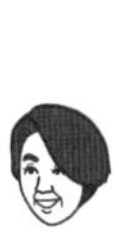

③余談ですが、大阪市は橋下徹氏が市長になってから、学校を取り巻く空気が変わり、17時以降も仕事をしていると市民から「税金でエアコンを使うな」なんて言われそうな雰囲気もありました。

とはありましたが、そうした日を除けばできる限り勤務時間のなかで仕事をし、その後は好きなことをしていました。

よく、「他校は遅くまで残っているのに、なぜ大空小は早く帰れるの？」と聞かれましたが、それは子どもが帰った後に仕事がないからです。「教材研究はいつしてるの？」と聞かれました。教材研究は一人ではせず、子どもが帰った後の職員室でワイワイとできることをやっていました。長時間、教材研究をしたら子どもが主体的に学ぶかといえば、そんなことはないからです。私たちは学びを子どもたちに委ね、課題を提示して「どうやって解決する？」と問いかけていました。その方が、よほど子どもたちは主体的・探究的に学びます。学び方を教えるのが教員の仕事です。

子どもたちが毎日学校へ来て、他者とのかかわりを通じて自分をつくり、自ら主体的に学んでいく。その事実を目的にして、みんなで手段を考え、すべての力を集中させた結果、子どもが帰った後の仕事は残らないのです。また、保護者が文句を言ってくることもなくなりました。それは、保護者にとっても自分の学校だからです。これこそが「働き方改革」だと思います。

そんな話をすると、「子どものことについて教職員で話し合う時間なんてとれません。そんな時間をとれる学校がうらやましい」などと言う人がいるんですね。それは違います。ほかの仕事を捨ててでも、教職員で話し合う必要があるし、そうすることでほかの仕事をやらなくて済むようになるのです。「嘘だと思ったらやってみてほしい」と伝えるのですが、納得してもらうのはなかなかむずかしいですね。

私も17時ちょうどになったら、間髪入れずに帰っていました。若い教員が玄関まで追いかけてきて、「これだけ聞かせて」なんて言ってくることもありましたが、「勤務時間終了！」と言って、そのまま帰っていました。こんなことが何度かあったので、教職員はいかに勤務時間内で木村をつかまえるか、勤務時間のなかでどう対応するかを考えて行動するようになりました。

麹町中の教職員の働き方改革

工藤　麹町中の場合、大空小のように夕方17時に全員が帰っていたわけではありません。ただ、教員が自身の意思で17時に帰ろうと思えば帰れましたし、休暇をとることもできました。

部活動については、いろんな仕組みをつくりました。たとえば、サッカー部は**中体連**❹から脱退し、「FC千代田」というクラブチームのコーチに来てもらうかたちで指導をしてもらいました。土日はクラブチームの一員として生徒たちが練習に参加しています。水泳部や硬式テニス部も、同じような仕組みを整えました。

また、**部活動指導員**❺に来てもらうようにした部もあります。ただ、部活動指導員という仕組み自体は、何ら根本的な解決策にはなり得ません。そもそも、放課後の15時頃から18時頃までの時間帯が空いていて、事故のリスク等も承知のうえで時給2～3千円で引き受けてくれる人なんて、せいぜい大学生や仕事を引退した方くらいです。根本的な解決策としては、やはり民間のスポーツクラブ等に転換を図っていく必要があります。

編　❹正式名称は「公益財団法人日本中学校体育連盟」で、本部は国立競技場のすぐ近くにあります。２０１９年度における男子サッカー部の加入率は65・3％ですが、未加入校の中にはサッカー部自体がない学校も少なくありません。

編　❺「働き方改革」の一環として、各自治体が配置を進めている外部指導員です。２０１７年に施行された改正学校教育法施行規則により制度化され、顧問となることもできます。

先にも述べたとおり、民間教育産業の経済効果は年間2兆7700億円にのぼります。塾だけでも1兆円規模にのぼるとのことです。それほど日本の経済を下支えしているわけですが、一方で子どもを見れば、学校や部活動が終わった後の時間帯に、それだけのお金を費やして、ペーパーテストの点数をとるための勉強、知識偏重型の勉強をしているわけです。

教育問題を考えるとき、学校教育は文部科学省、民間教育は経済産業省と、役所の間で棲《す》み分けられていますが、生徒たちの本質的な問題を解決していくためには、すべての関係機関がオールジャパンで総合的に検討していく必要があると思います。

私は文部科学省や⑥**経済産業省など、国や自治体の方々とも仕事**をしていますが、役人のなかにはきちんとしたビジョンを持って、本気で取り組んでいる人もいれば、管轄する企業に金儲けをさせようとしているのかと感じさせる人もいます。もちろん腹が立つこともありますが、教育をしかるべき方向へ持っていくためには、そうした人たちと誠実につき

⑥「未来の教室」とEdTech研究会の委員を務めています。

合いながら、自分なりにアイディアを形に変えていきたいと思っているところです。

学校の「ムリ」「ムラ」「ムダ」をなくす

木村　大空小では、⑦**文部科学省や教育委員会の調査への回答**については、余計なエネルギーを費やすことは無駄だと考え、「調査のための調査」はしないようにしていました。いじめの件数も、いちいち子どもにアンケートや聞き取り調査をしなければ数値を上げられないようではプロではありません。

　子ども同士のトラブルは山ほどありましたが、教育委員会には「いじめに発展するケースはない」と回答していました。「いじめの正確な件数がほしいんです」と言われましたが、私は「どんな数字がほしいん？　いくつにしておきましょうか」とあしらっていました（笑）。そんな無駄なことに時間をとられていては、足元がぐらついてしまいます。

　また、私は校長時代、⑧**全国学力・学習状況調査**についても、「うちの

編　⑦教員の「働き方改革」に関する答申においても、「調査・統計等への回答等」を「学校の業務だが、必ずしも教師が担う必要のない業務」に区分するなど、これが現場の負担になっているとの認識がなされています。

編　⑧毎年4月下旬に、全国の小6、中3を対象に行われる学力調査です。教科は国語と算数（数

学校は参加しません」と教育委員会に言いに行ったことがあります。自校の実態をふまえ、すべての子どもに必要な学びではないと、主体的に判断したからです。

　担当者からは、「そんなことを言わず指示どおりにやってください」と言われました。「従わなければどうなるのか」と聞くと、「懲罰の対象になる」と言われました。その話を教職員に伝えると、「もう二度と、学力調査をやらんとか言わんといてください。クビになりますよ」と言われてしまいました（笑）。

合田　全国学力・学習状況調査の件……、木村先生にはご迷惑をおかけしました（笑）。紙ベースでの学力調査を4月の下旬に全国一斉に行うというやり方は考え直す必要があり、現在、文部科学省では、全国学力・学習状況調査をCBT[9]で行えないかと専門的な検討を進めています。

　これが実現すれば、現在埼玉県で行われている学力調査のように、一定期間における子どもたちの学力の伸びを把握することができ、全国学

学）で、3年に1回は理科、また2019年度には中学校で英語も行われました。2007年度から始まり、民主党政権下の2010〜2013年度は抽出調査でしたが、それ以外の年はすべての自治体・学校を対象に行われました。なお、2020年度は新型コロナウイルスの影響で中止になりました。また2021年度は、5月に実施される予定です。

[9] Computer Based Testingの略で、コンピュータを利用した調査の

力・学習状況調査の新しいフェーズに入ることになると思います。

木村　今、どこの学校の先生も本当に疲れています。なぜ、疲れているかというと、子どもの育ちに直結するような働きをしていないからです。

　学校の先生は、子どもが居なくなったとなれば、それが夜中であっても探し回ります。そんなときは誰も「疲れた」なんて言いません。その子の育ち、安心・安全につながることなら、たとえ夜遅くまで働いても誰一人文句は言わないし、しんどいとも感じません。

　ところが、現実には子どもの育ちに直結しない仕事で忙殺されています。子どもが自殺をして、いじめの有無を確認する調査が入り、その対応に追われたりしている。

　そんな状況で、教員が子どもに「学びは楽しいよね」という姿を見せられるはずがありません。どこかボタンを掛け違えています。

ことです。これが実現すれば採点・集計の手間は大幅に省力化され、より精緻なデータの分析と活用も可能になります。文部科学省では２０２０年５月から、「全国的な学力調査のＣＢＴ化検討ワーキンググループ」を設置し、検討を進めているところです。

「手段の目的化」による弊害

工藤　木村先生のお話にもありましたが、やはり学校の最上位目的を見誤っていることが、教員の多忙化を招いていると思います。しかるべき目的に向かって合意形成ができていないから、余計な仕事ばかりが増えているわけです。

さらに言えば、目的に対して適切な手段がとられていなかったり、手段自体が目的化していたりもします。日本では、役所もすべてそうですが、この点があまり問題視されていません。

以前、公益社団法人日本バリュー・エンジニアリング協会の会長も務められている[10]**ＩＨＩの斎藤保・元会長**と対談する機会がありました。バリュー・エンジニアリングとは、商品・サービスの価値創造という目的を達成するために、組織的に最も効率的・合理的な手法をとっていくことを指します。アメリカのゼネラルエレクトリック社（ＧＥ）がこれを開発したのが１９４７年。それ以来ずっと組織のあり方を問い続けてきた国と、精神論で「気合いだ」「根性だ」と言ってきた国との違いが、

[10] ＩＨＩは重工業を主体とするメーカーで、三菱重工業、川崎重工業と並ぶ三大重工業企業の一つです。かつては「石川島播磨重工業株式会社」という社名でしたが、２００７年に「ＩＨＩ」（Ishikawajima-Harima Heavy Industries Co., Ltd）に社名を変更しました。斎藤氏は、２０１６年４月から２０２０年３月末まで同社の会長を務められました。

今の状況[11]に現れています。

麹町中学校では、**脳科学の知見**[12]を日々の指導に生かすという取り組みをしていました。これを取り入れたのは、科学的・物理的な視点からアプローチすることで、既存の精神論的な教育をぶち壊すことができるからです。

合田　文部科学省としては、立法府にお認めいただいたうえで40年ぶりの計画的な学級編制基準の引き下げを行い、令和3年度から5年計画で小学校のすべての学年での35人学級を実現するなど条件整備に引き続き取り組みます。他方、中教審「働き方改革」答申には、**脚注**[13]のところに、「形式的に続けられている研究指定校」の問題とともに、「夏休み期間の高温時のプール指導」の問題も指摘されています。

数年前、都内のある小学校の副校長が、「うちの学校は、夏休みのプール学習を10日間連続でやるというのが、開校以来の伝統になっていて、今年もこれをやり切りました」と自慢げに話されていました。その年の

⑪1989年における世界時価総額ランキングを見ると、1位のNTT、2位の日本興業銀行など、日本企業がトップ5を独占しています。しかし、30年後の2019年4月時点では、1位がApple、2位がMicrosoft、3位がAmazonと、米国企業が上位を独占しています。日本の最上位はトヨタの43位となっており、この30年間の凋落《ちょうらく》ぶりが顕著です。

⑫脳科学者の青砥瑞人さんの協力を得て実施していました。木村先生にも手弁当で幾度となくご参加いただきました。

夏は、熱中症患者が続出するほどの猛暑で、プールでも屋外なら熱中症のリスクは十分にありました。
私もさすがに怒って「熱中症警報が連日出されているなかでのそんな取り組み、今年でやめてください。万が一、子どもが熱中症になって亡くなったら、どう責任をとるんですか」とかなり強い口調で言いました。私がとある校長会でこの話をしたら、ずいぶん微妙な雰囲気になりましたが（笑）。

工藤　合田さんのお話のように、日本では「手段の目的化」による弊害が、学校の至るところで起きているわけです。そろそろ「これをやってはいけません」ということをはっきりと国が謳っていくことの必要性を感じます。そうしないと日本は、世界に遅れをとってしまう。これまでは労働時間の長さと根性で何とか世界に肩を並べていましたが、科学技術が進歩した時代にあって、それでは追いつけません。
たとえば、日本の各自治体にある教育研究会も「手段の目的化」の一

⑬ここには、「学校としての伝統だからとして続いているが、児童生徒の学びや健全な発達の観点からは必ずしも適切とは言えない業務又は本来は家庭や地域社会が担うべき業務」として、「夏休み期間の高温時のプール指導」や「内発的な研究意欲がないにもかかわらず形式的に続けられる研究指定校としての業務」などがあげられています。

例であり、見直していかねばなりません。それら研究会の多くは戦後に立ち上げられたもので、教員のなかには「やめたい」と思っている人も少なくありません。

私は新宿区の教育委員会にいたとき、実際に教育研究会をなくそうとしました。自主的な研究会にもかかわらず区から補助金が出ていて、そのくせ教育委員会に「サポートが足りない」などと文句を言ってくるわけです。こちらとしては、**教育公務員特例法**[14]の適用範囲で、勤務時間中の研修を例外的に認めているのに。ですから、「そんなことを言うならもうお金は出しません」と言いました。すると、校長会が改めて継続を申し入れてきました。

校長会としてもこの研究会の実効性に疑問を感じ、多くの教員がやめたがっているのに、その廃止にストップをかけたのが校長会だったという事実は、本当に情けない話です。今も新宿区の教育研究会は続いていますが、貴重な機会を失ったと後悔しています。

⑭同法の22条2項には、「教員は、授業に支障のない限り、本属長の承認を受けて、勤務場所を離れて研修を行うことができる」とあり、この規定を適用するかたちで研修への参加を認めています。

一斉講義型の集合研修では教員は育たない

木村　日本の教育は戦後ずっと「いい先生」の名人芸・職人芸のもとで、「いい子」を育ててきました。そうした社会的ニーズもあったのでしょう。しかし今は、「いい先生」がいれば子どもが育つかと言えば、そうではありません。それなのに、この期に及んでいまだ「いい先生」を養成しようとしています。

子どもをスーツケースに放り込むような従来型の教育を目指した現状の教員研修は本当に無駄で、そんなところでノルマを課せられている先生方が気の毒です。

工藤　おっしゃるとおり、教育委員会が行う研修は、年々増え続けています。私は教育委員会にいたとき、それらの研修を片っ端から廃止していきました。残した研修も、すべて一斉講義型からワークショップ型・参加型に変えました。

教育委員会の研修が増え続けてきた理由は何か。それは、学校教育上の諸問題を教員の能力の問題と捉えてきたからです。国会でもそんな答弁が普通になされていますが、この認識は明らかな間違いです。

　学校のＩＣＴ化がなぜ遅れているのかと問われた際も、文部科学省は「教員の研修が足りないから」「使いやすいコンテンツが足りないから」と回答していましたが、いずれも正しいとは言えません。そもそも教員が集合研修をしなければならないようなツールは、どんなに時間をかけても現場には浸透しません。

　私が新宿区でＩＣＴ化を進めた際には、集合研修やコンテンツのいらない仕組みをつくりました。ＩＣＴが得意な教員も苦手な教員も手軽に使える環境をつくることが、ＩＣＴ化を進めることになるとの仮説を立てたのです。そして、区内の学校の全８００教室に、誰もが簡単に使える⑮**プロジェクター型の電子黒板**を導入しました。

　その結果、自然発生的にいろんな学校でＯＪＴの学び合いが生まれ、教員が自主的に魅力的なコンテンツを開発し、ＩＣＴの活用が広がっていきました。国や教育委員会が集合研修やコンテンツ開発をするのでは

⑮電子黒板には、大きくディスプレイ型とプロジェクター型があります。ディスプレイ型が高価で設置場所をとるのに対し、プロジェクター型は安価でどんな教室にも設置できます。最新型は輝度や解像度も上がり、比較的明るめの教室でも不自由なく使うことができます。

⑯私は集合研修の講師を務める機会が数多くありますが、受講者の中には私の話をすでに聞いたことがある人もいます。そうした人にとっては、もっと先の話、深い話が聞きたいわけで、そう考えても一斉研修というのは非効率です。

なく、みんなが自然に使いたくなるような環境をつくることこそが大事なのです。

子どもに対する一斉講義形式の授業が非効率なのと同様、教員に対する⑯**一斉講義形式の研修も非効率**です。だから私は、麹町中での校内研修は、⑰**脳科学にかかわる研修**以外すべてなくしました。

ニーズに応じて多様に学べる研修へ

工藤　教員の研修については、「仕事に必要なことがあれば、そのつど学ぶ」というごく普通のスタイルを学校が取り入れていく必要があると思います。

麹町中では、ある教員が「アクティブ・ラーニングについて学びたい」と言えば、⑱**山本崇雄先生**のところに派遣し、朝から教室に張りついて学んでくるように言いました。あるいは、麹町中には民間の方が頻繁に出入りしていたので、そうした方々とのやりとりそのものも研修になります。ある若手教員は、麹町中の問題解決型学習にさまざまなかたちでご

⑰麹町中では、子どもたちに対する指導・支援の在り方を見直すため、脳科学者の青砥瑞人さんや木村先生の協力を得て、2年間にわたり研修を行ってきました。この研修には、校内の教員だけでなく一般の方々や保護者の方も自由に参加できるようにしたことで、より汎用性の高い成果を得ることができました。

⑱新渡戸文化中学・高等学校の英語科教員で、横浜創英中学・高等学校教育アドバイザーも務めていただいています。アクティブ・ラーニング実践の第一人者で、主な著書に

支援をいただいているプロのアナウンサー赤平大さんと連携しながら動画編集に取り組み、プロ級の腕前になっていきました。

また、教員に⑲**学習指導案**も書かせませんでした。指導案自体がもはや古い仕組みだと考えたからです。でも、日本中の教育委員会は教師の指導用資料にこれを並べています。なかには「指導案をうまく書ければ授業がうまくなる」なんて平気で言う人もいる。

私自身は、自らの意思で指導案を書いたこともなければ、指導案をもとに授業を組み立てたこともありません。大学を卒業して教師になったときから、現在と同じプレゼンスタイルを貫いています。1時間のストーリーを組み立てたうえで主発問の言葉を考え、子どもたちの様子を観察しながら授業の中身を変化させていくような授業です。

授業の組み立ては人それぞれ自由にやればいいのです。パワーポイントを使ってもいいし、絵コンテのようなものを書いてもいい。麹町中を退職する直前、私は千代田区教育委員会に「指導案と校内研究はもうやめた方がよい」と伝えました。これだけ学校の多忙化が進むなかで、個々

『なぜ「教えない授業」が学力を伸ばすのか』（日経BP）、『「教えない授業」の始め方』（アルク）、『学校に頼らなければ学力は伸びる』（産業能率大学出版部）などがあります。

編

⑲学校教育において、学習指導案は広く使われており、大学の教職課程でもその書き方などが指導されています。一部の自治体では、教員採用試験で学習指導案や単元指導計画を書かせるところもあります。

の教員のニーズに合わないことをするのは非効率だと思ったからです。

合田　私も、工藤先生と同じく作成することが自己目的化した学習指導案や内発的な研究意欲がない形式的な研究指定校の意義には懐疑的です。正直に言うと、学習指導案や実践研究報告は、教育学部出身者ではない私には読みづらく、なかなか理解できないことが多いですね。特有の形式・フォーマットなのでしょうが、学校や教育委員会、教員養成大学・学部の外へ一歩出れば、自分たちの教育実践を社会の多くの方々にわかりやすく印象的に伝えようとする意図がないと思われてしまいます。

多様性社会で求められる教員の姿

工藤　学校の最上位目的の一つが多様性を学ぶことだとすれば、必然的に、教える人がスーパー・ティーチャーである必要はなくなります。多様化する社会を生きていく力を養うには、学校という組織そのものが多様性を帯びたものでなければならないからです。

「教師に必要な資質・能力」をネットで調べると、文部科学省や教育委員会が、実にさまざまな資料を公表しています。「子どもの変化を敏感に察知する力」「ICTの指導技術に優れ」「コミュニケーション能力に長け」などという言葉が並んでいますが、そんなスーパーな教員が、いったいどこにいるのでしょうか。

学校の最上位目的から見ればズレた話です。いろんなタイプの教員がいて、それを組織として機能させていくからこそ、子どもたちは育つのです。

木村 学校は社会の縮図です。大空小には、勉強ができる子もできない子も、障害のある子もない子もいて、さらにはいろんな教職員がいて、地域住民も日常的に出入りしていました。自分がつくる自分の学校だからです。子どもたちは1年生の段階から、毎日少なくとも3～4人の教員や大人たちと授業をします。

一般的な学校では「ハズレ」と言われるような教員もいるのが当たり

編 ⑳会議や研修などの話し合いの場で、参加者に発言を促したり、話をまとめたりして、会議・研修などの進行をサポートする役割を担う人のことです。

編 ㉑日本の教員免許制度は「相当免許状主義」を原則としていて、小学校教員になるには「小学校教諭免許状」が、中学校教員になるには「中学校教諭免許状」が必要とされています。ただし、昨今は教員不足が著しいことから、各自治体が「臨時免許状」

前です。ところが、そうした先生と学び合うからこそ、子どもが育っているという事実もたくさんありました。それとは逆に、「アタリ」と言われるような先生のもとで、子どもが育たない事実もあるでしょう。

合田　おっしゃるとおりですね。社会の構造的変化のなかで、教師に求められる資質・能力はティーチングだけではなく、子どもたちをケアし、やる気に火をつける[20]**ファシリテーター**やコーディネーターといった役割を担うことができる力へと変化しています。

だからと言って、一人で何でもできるスーパー・ティーチャーを求めるのではなく、教育への思いと能力のある教育界内外の多様な人材を教育に呼び込むことが必要になっています。

時代の変化に応じた教員免許制度へ

工藤　[21]**教員免許制度**については、取得するまでの期間を現状の[22]**4年から6年にして専門性を高めるべき**と言う人もいます。こんなときだけ都

を発行して、中学校教諭免許状の所持者が小学校で教えているような実態もあります。

[22]実際、民主党がマニフェストとしてこれを掲げて与党となったことから、一時期は本格的に導入が検討されました。最終的に導入は見送られましたが、今もそうした主張をする人がいます。もし、本当に6年制にしたら、就職や学費の問題もあって教員志望者の数はますます減るように思います。

合よく、「**フィンランド**[23]は6年制なんだから」と言ったりする。こうした考え方は全くの見当違いで、むしろ多様な人たちが教壇に立てるようにハードルを下げなければいけません。そのためにも、教員免許状の取得要件をもっと軽くしていく必要があります。

合田　私もまったく同感です。約70年前、教育刷新委員会において、後に文部大臣になる[24]**天野貞祐**《あまのていゆう》は、「教育者は人間が誠実で学問があれば十分だ」と明言しました。師範学校への批判的立場をとる帝大系の関係者にとって、教員養成に特別な課程は要らないという主張は当然だったのかもしれません。

しかし、それに反対したのは、当時の文部省とGHQのCIE（民間情報教育局）で、その結果、現在の教育職員免許法（教員免許法）が制定されました。その教員免許法に基づく教員養成課程について、半世紀前に海後宗臣《かいごときおみ》編『教員養成〈戦後日本の教育改革〈8〉〉』（東京大学出版会）が提起した「教職に関する専門教育は、とくに国立教員養成大学・学部

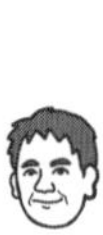

[23]フィンランドでは、そもそも「大卒」が意味するのが「修士」であったり、学費が無償であったりと、日本とは異なる文化が背景にあります。

[24]大正・昭和期にかけて活躍した日本の教育学者・哲学者で、吉田茂内閣のもとで文部大臣も務めました。

の専門教育として十分に追及され確立してきたのか」「教育諸科学をはじめ教科教育や教育実習などの内実が果たして徹底的に改革されたか」という問いに、文部科学省も国立教員養成大学・学部も十分答えてきたとは決して言えないと思います。

私個人としては、社会構造が変化していくなかで、学校により多様な人材が入れるように、免許制度を大きく変えていく必要があると考えています。たとえば小学校の教員免許は、教育学部の小学校教員養成課程や課程認定を受けたコースでしか取得できない仕組みになっています。かつてはこれが、教員志望者をより多く集めるための仕組みだったのですが、現在はボトルネックになってしまっています。

そもそも、教師に求められる力というものが、教員免許法が制定された昭和24年の頃から大きく変わっています。それなのに、制度的な枠組みは基本的に何も変わっていません。今、大学で教えている[25]**実務家教員**の方々も、教師をリタイアした一世代前、これまでの教員養成大学・学部で学んだ方が多いですから、今の社会の構造的変化を意識してフォロー

編

[25]校長を退職した後、大学等の特任教授や客員教授となって、教師を目指す学生の指導に当たる人のことを「実務家教員」と言います。大学の教育学部には、そうした教員が数多くいます。

していただく必要があります。

現在のように、特定の学校種の特定の教科を指導するに当たってすべての内容を履修しないと教員免許が取得できないという方式を抜本的に改め、㉖**STEM**分野の博士号保有者、海外での通商業務従事者、スポーツ指導法を修めたアスリート、発達障害に関する専門家、㉗**ケースワーカー**、AIやプログラミングの専門家など社会におけるさまざまな経験や大学における学びに基づく専門性を前提としたうえで、教壇に立つに当たってどうしても必要な教師としての汎用的な知識（学校の社会的機能、認知科学、発達心理学等）を履修すれば㉘**教員免許を取得**できるようにすべきだと強く思っています。

工藤　批判を恐れずに言えば、将来的に音楽や美術、体育の教員はいらないのかもしれません。これらの教科は、学校教育という枠組みのなかで、5段階の評価をつけながら学ばせることが、はたして必要なのでしょうか。生涯教育のひとつという考え方を重視すれば、むしろ、学校とい

編　㉖Science、Technology、Engineering、Mathematicsの頭文字を組み合わせたものです。これにArtsの「A」を加えた「STEAM教育」について、教育再生実行会議第11次提言では、「各教科での学習を実社会での問題発見・解決にいかしていくための教科横断的な教育」と定義されています。

編　㉗一般的に、福祉事務所で相談援助の仕事に就く職員のことです。

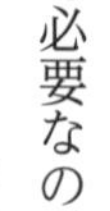

㉘2021年1月19日に、萩生田光一文部科学大臣は省内に大臣を

う施設・設備を活用しながら、放課後等にプロの方々から学べる仕組みをつくればいいと思います。

いっそ音楽室や美術室、体育施設は民間事業者に託してしまい、民間事業者が学校の中に事務所を置いて、市民のために音楽教室や美術教室、スポーツクラブを開催するようなかたちです。

部活動も学校から手放し、指導をしたい教員は17時半に学校を退勤した後、[29]**スポーツクラブ等で報酬を得ながら、指導に携わる。**そうした仕組みをつくれば雇用も生まれるし、大学生のバイト先にもなります。日本の学校教育を変えていくために、役人の方々にはこのくらいのことを考えてもらいたいですね。

これからの教員養成のあり方

木村 [30]**近年、教員志望者が減ってきています。**その理由は、若い人たちが学校という職場に魅力を感じなくなったということがあるのでしょう。これは、メディアの影響も大きいと思います。一方で、大学の教職課程

本部長とする「教師の人材確保・質向上に関する検討本部」を設置することを公表し、その際、「せっかく少人数やICT教育が始まるのに、今の教員養成課程では、もう誤解を恐れず申し上げれば、昭和の時代から教職課程をずっとやっているわけじゃないですか。そうすると、こんなに学校のフェーズが変わるのに、教えている大学のトップの人たちは、まさに昔からの教育論や教育技術のお話をしているわけですから、この辺も含めてちょっと大きく変えていかないと、時代に合った教員養成はできない」と発言しました。

での学びが、学生の夢を壊している部分もあります。

とある大学に講演で行ったときのことです。私の講演の前に、キャリア教育の教員（元校長）が、学生に向かって「誰だ！　横を向いているのは！」「今日の講演で寝たやつには単位をやらないからな！」などと脅しているのです。登壇者の私が聞こえるところで、失礼な話だと思いませんか。

学生は日々、そうしたかたちで学校の悪い部分を見せられているわけです。その結果、「教師になろう」と思って入学してきた学生も、次第に教職課程から離脱し、最終的には2～3割しか教員採用試験を受けないという現実があります。

講演が始まると、私は「ごめんな。寝たかったら寝てな。寝るような話をする方が悪いんやから」と伝えてから話を始めました。そして、「みんなの学校」が教えてくれたことを通して、「学びは楽しい」ことを伝えました。講演終了後のアンケートを見ると、「採用試験の前に来てほしかったです」と書いている学生がたくさんいました。こうした実情を見

㉙これを実現するためには、現状の地方公務員法等を見直し、一定条件のもとで教員の副業を認めるように制度改正をする必要があります。

編

㉚教員採用試験の受験者数は、2013年度の18万902人をピークに減少の一途をたどり、2018年度は14万8465人となっています。背景には、民間企業への就職状況が好調なこと、教員の仕事の過酷さが広く知れ渡ったことなどがあると言われています。

ても、大学の教職課程のあり方を見直していく必要性を痛感します。

合田　私は文部科学省では大学行政の仕事を比較的長くしてきましたが、**高等教育局**[31]の企画官だったときは、国立教員養成大学・学部の学長や学部長の方々と連日ヒアリングでバトルしていました（笑）。

工藤　大学の教育学部にいる教授は、大きく二つのタイプに分かれます。一つは研究畑一筋で歩んできた研究者教員、もう一つは校長等を退職して着任した実務家教員です。前者は小・中学校、高等学校、特別支援学校等、学校現場における臨床経験に乏しく、後者は自らの現場での成功体験や手段にこだわりがちで学問的な裏づけに乏しい。もちろん、その両面に優れた人たちも大勢いらっしゃいますが、その両者をつなぐ存在や民間の全く異なる立場から、社会の変容を示してくれる存在などが足りないと感じています。

編　[31]大学や専門学校等の高等教育を管轄する局で「高等教育企画課」「大学振興課」「専門教育課」「医学教育課」「学生・留学生課」「国立大学法人支援課」の6つの課と「私学部」があります。

多様性社会に向けて大学も改革を

合田　教育委員会に行くと、特定の大学の特定の学部の卒業生が、**教育長**[32]、課長、**指導主事**[33]といった主要ポストの多くを占めていることもあります。こういう多様性にはほど遠い世界は、ほかにはなかなかないでしょう。今では、かつては東大法学部の出身者で占められていた財務省（旧大蔵省）ですら大きく変わっています。

私は今、文部科学省の**科学技術・学術政策局**[34]で仕事をしていますが、ここは出身大学も専攻分野もバラバラです。たとえば、現在一緒に仕事をしている課長補佐は建築、係長は材料工学の博士、入省3年目の女性の職員は生化学の博士、新規採用の職員は薬学専攻といった具合ですし、このメンバーは全員、異なる大学・大学院の出身であるなど多様です。こうした多様性こそが、これからの社会の大きな力になると思います。

教育委員会や学校の組織的な硬直性の一つの要因として、教員免許制度と教員養成課程の問題があると思います。残り短い文部科学省職員としての時間のなかで、私はこれだけは変えていきたいと思っています。

編 [32]首長に任命され、教育委員会の代表として、会議の主催者、具体的な事務執行の責任者、事務局の指揮監督者等の役割があります。

編 [33]指導主事は、学校における教育課程、学習指導や学校教育に関する専門的事項の指導に関する事務に従事します。

[34]科学技術に関する調査・評価、児童・生徒から第一線の研究者・技術者まで幅広い科学技術関係人材の育成、科学技術分野での国際活動の戦略的推進、産学官連携の推進、

工藤　おっしゃるとおり、世の中が多様性を認めていこうとするなかで、教員の世界だけが多様性を認められていない状況があるわけです。本当は、学校が多様な人たちを受け入れて、社会の縮図にしていかねばならないのに、それをはばもうとする人たちがいます。大学の教育学部には、多様性あふれる場としてぜひ象徴的な存在であってほしいと思います。

先日、『Wedge』[35]で、「大学はこんなにいらない」という特集が組まれていました。そこでは、20年後、国立大学でさえも70~85%しか定員に達しないという恐ろしいデータが示されています。つまり、大学がつぶれる時代が本格的に到来するわけです。

本来であれば、大学は多様な人たちを受け入れていく必要があります。それなのに、教員養成系の大学は「優れた人材」が必要だと言い、なかには「教職課程を6年にすべき」なんて本末転倒なことを言う人もいる。今、本当に必要なのは、多様な人材を学校が自由に雇えるようにすることです。そうしないと、ICTの活用もグローバル人材の育成も、何もかもが遅れてしまいます。

地域での科学技術の振興や研究開発基盤の整備・共用・プラットフォーム化等の分野横断的な取り組みにより、科学技術イノベーション政策の推進を行っています。

[35] JR東海グループが発行するビジネスマン向けの情報誌で、東海道・山陽新幹線のグリーン車の乗客には無料で配付されます。以前、麹町中学校の取り組みの数々も、この雑誌のWeb版で紹介されました。「大学はこんなにいらない」の特集が組まれたのは、2020年8月号です。

ただでさえ、学校は**児童虐待**[36]の防止や発達障害への対応など、専門性が求められており、教員だけでは対応できなくなっている実態がありま す。

『Wedge』に掲載されたデータを見ても、日本の大学をどうするか、抜本的に考える時期に来ています。文部科学省は少しでも延命させようとしていますが、このままでは国公立大学も私立大学も総崩れになりま す。それを何とかするためには、最上位目的は何かをもう一度よく考え、その達成のために「自分たちが身を切りましょう」と覚悟を決められる人を増やさなくてはならない。

大学改革をめぐって、いろんな人たちが二項対立的な評論ばかりをしています。そうした評論を早くやめて、後戻りしない議論、積み上げていく議論を一刻も早く進めなければならないと思います。

若い教員に望むこと

木村 若い先生方には、「自分はなぜ、教師になったのか」をよく考えて

編 [36] 2019年度の児童相談所での児童虐待相談対応件数は、19万3780件と過去最多でした。また、「児童虐待防止法」では、学校・教職員に対して早期発見の努力義務を規定しています。

ほしいですね。「給料がいいから」とか「安定しているから」とか言う人は、すぐに商売を変えたほうがいい。一方で、志を持って教員になり、一所懸命にがんばっている先生もたくさんいます。でもそんな先生が、職員室や先輩の空気に圧しつぶされて辞めていくケースが相次いでいます。2019年度は、[37]**退職した新任教員が前年より大幅に増えた**と聞きました。

私が以前、若くて熱心な教師が辞めた後の学校へ呼ばれて講演に行ったときです。ある保護者が「クラスは崩壊ぎみだったけど、あの先生は大切なことを教えてくれていた。先生が変わってたしかにクラスは規律を取り戻したけれど、学校は何一つよくなっていない」と話していたのがとても印象的でした。

今、職員室の悪い空気に圧しつぶされそうな若い先生に言いたいのは、「子どもだけを見て！」ということです。校長も、先輩も、保護者も見なくていい。目の前で学んでいる子どもだけを見て、自分に何ができるかを考えてほしいのです。それができれば、教師という仕事が楽しくなっ

編 [37]文部科学省の「平成30年度公立学校教職員の人事行政状況調査」によると、2018年度に採用された教諭のうち431人が1年以内に依頼退職しました。前年度から73人も増え、1999年度以降で最多となっています。

てくるはずです。

今の若い教員は、学校時代にたくさんの評価を受けながら育ってきています。「この先生にほめられたい」「評価されたい」という価値基準のなかで成長してきたわけです。そのため、ほめてもらえないと前へ進めないタイプが多く、校長に強く指導されたり、保護者に文句を言われたりすると、すぐに「自分はダメだ」と思ってしまう。あるいは、うまくいかないことがあると、「学校が悪い」「管理職が悪い」「教育委員会が悪い」と人のせいにする。

教員に限らず、そうした若者がとても多いですよね。こうした状況を考えても、学校教育における「評価」は何のためにあるのかという大前提から問い直す必要があると思います。

子どもの事実に基づいた教員評価を

木村　人はすべて違って当たり前です。学校教育のなかで、隣の子を「自分とは違うんだ」「だからそんなふうに行動するんだ」と感じられるようにしていくことが学校の仕事です。

　かつて大空小に在籍していて、今は高校3年生の子が先日、[38]**あるシンポジウム**でこんなことを言っていました。「自分はかつて学校に行けなかった。でも、大空小に転校して毎日通えるようになった。なぜ、通えるようになったかというと、僕のことを僕のままでいいよと受け入れてくれる空気があったから。そのことに、今になって気づいた。だから自分も他人のことをちゃんと理解して、尊重しないといけない。今の自分には、それがわかった。だから困った子の味方になりたい」と。

　発達障害のレッテルを貼られてしんどい思いをしてきた子が、高校生になってから小学校時代の自分を振り返り、「今、自分がやるべきことがわかった」と言う。これこそが教育ですよね。子どもの「今」だけを見て、「よい・悪い」を評価しても意味がありません。教育の結果は、すぐには出ないものです。

　それなのに、学校では「今」だけを評価する[39]**人事評価**が行われています。その結果、校長に物を言えない雰囲気が職員室に生まれ、周囲の教

[38] ２０１９年３月24日に東京大学で行われた、「10周年記念公開シンポジウム『インクルーシブ教育の新段階～養護学校義務化施行40年を振り返りつつ～』」です。

編

[39] 地方公務員法で、人事評価を任用、給与、分限その他の人事管理の基礎とすることが規定されています。教職員については、すべての都道府県・政令市で能力評価・業績評価が行われています。

員は敵となり、教員は教室へと逃れます。そうしてクラスの子どもたちを囲い込んでいる。「チーム学校」と言いながら、職員室を分断するようなシステムが存在しているわけです。まずは、このシステムそのものを変えていかねばなりません。

固定担任制を廃止した大空小では、すべての教職員ですべての子どもを多方面から見つめ育んでいました。教員評価は、学年や学級の善し悪しではなく、子どもの事実に基づいて行いました。

若い教員には、困っている子がいたら、その子のために自分は何ができるかだけを純粋に考えてほしい。できないことは周りの人の力を活用すればいい。そうすれば、不登校の問題も、教員のメンタルヘルス不全の問題も、モンスターペアレントの問題も、すべて消えるんです。

多忙化から教員不足まで、負の連鎖を断ち切る

工藤　教育に携わる者が、子どもに与え続けることばかりしてきた結果、学校がサービス産業と化し、世間の要求がどんどんきつくなって、労働

環境の悪化を招いています。さらには、校内研究、教員研修、学習指導案、教育研究会など、目的に対して適切ではない手段がとられていて、それが現場を忙しくしている。

その結果、夢を持った人間が、教育の世界に飛び込んでこようとしない。こうした負の連鎖を、一日も早く断ち切らねばなりません。

これからの時代の教員
Point 2
「一律講義型の研修」
「ニーズに応じて多様に学べる研修」
学び方
学びたいことを
選ぶ
学校を多様性を学ぶ場にするためには
Point 3
スーパーティーチャーである必要はない
多様な人材が学校にいることが必要
そのために…
Point 4
教員免許取得要件の
緩和
見直す必要
教員免許制度
大学教育学部の改革
「今」のみを評価しても意味ない
教育の結果はすぐに出ない
長時間労働
増え続ける研修
教師をやめる
負の連鎖を断ち切らねば！

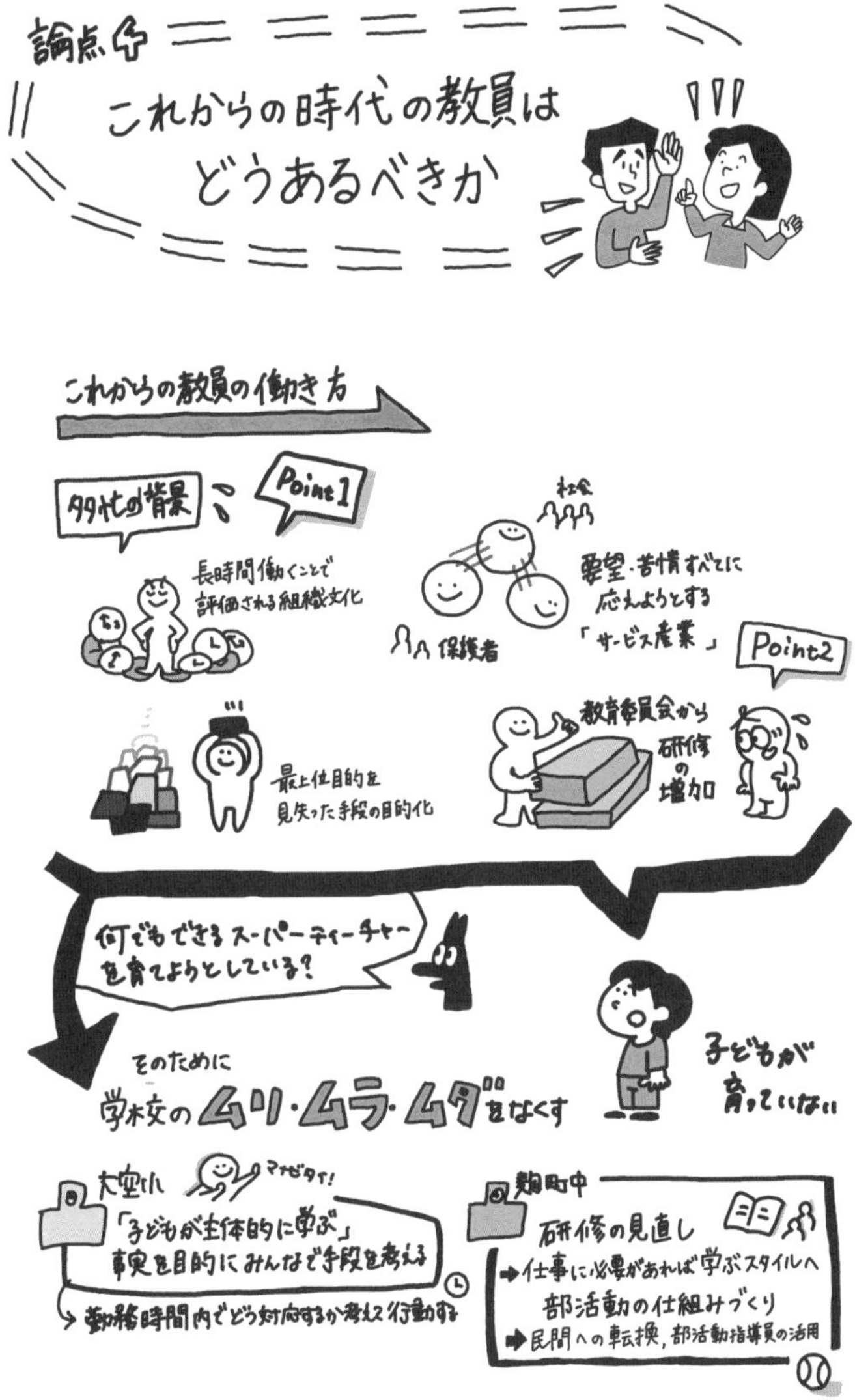
論点4
これからの時代の教員は
どうあるべきか
これからの教員の働き方
多忙化の背景
Point1
長時間働くことで
評価される組織文化
社会
要望・苦情すべてに
応えようとする
「サービス産業」
保護者
Point2
最上位目的を
見失った手段の目的化
教育委員会から
研修
の
増加
何でもできるスーパーティーチャー
を育てようとしている？
子どもが
育っていない
そのために
学校のムリ・ムラ・ムダをなくす
大空小
マナビタイ！
「子どもが主体的に学ぶ」
事実を目的にみんなで手段を考える
勤務時間内でどう対応するか考え行動する
麹町中
研修の見直し
仕事に必要があれば学ぶスタイルへ
部活動の仕組みづくり
民間への転換，部活動指導員の活用

3章

ロードマップを描く

論点 5

日本の学校と社会が抱える構造的な問題点とは

日本の学校は子どもの学び方から教員の働き方に至るまで、多くの課題を抱えていることが改めて浮き彫りになりました。しかしながら、改革は遅々として進んでいません。なぜ、改革が進まないのか、構造的な問題点とは——。

日本の教育システムの構造的な問題点

工藤　以前、文部科学省が主催する「❶**明治150年記念『教育に関するシンポジウム』**」に登壇させていただいたことがあります。ただ、内容的には明治維新以降の教育を「是」とするもので、個人的にはがっかりしました。明治期から150年間続いてきた日本の教育システムは、とう

❶2018年12月19日に文部科学省で開催されたシンポジウムで、私は第2部のパネリストとして登壇しました。

に限界を迎えているのに……。

合田　あのシンポジウムに工藤先生に加わっていただいて本当によかったと思います。工藤先生がいらっしゃらなければ、この150年の教育の歩みを批判的に検証しようという視点が十分でなかったからです。

工藤　既存の教育システムの最大の問題点は、「何を教えるか」「どう教えるか」を重視しているがために、子どもたちの主体性や自律性を奪ってしまっていることです。

また、このシステムのもとで学習の内容・時間がどんどん増え、教員や子どもたちに過重な負荷がかかっています。最近になって、現場が限界を迎え、多くの人が「おかしい」と気づき始めているのに、一方では「もっと増やすべき」などと本末転倒なことを言う人もいます。

目指すべき教育の姿とは、「何を教えるか」「どう教えるか」ではなく、子どもたちが「何を学ぶか」「どう学ぶか」を主体的に考え、選択していくものです。さらには、そこにＩＣＴ等の最新テクノロジーを用いて、効率的に学んでいけるようにする。

注意したいのは、ここで言う「効率的な学び」というのは、個別指導で知識・技能を習得していくことを指しているわけではないということです。「個別最適な学び」のなかには、児童・生徒間の学び合いなどが含まれていることも、共通理解を図っていく必要があります。

もう一つの問題点は、大空小も上位目的としていた「他者を尊重する力」が養われないことです。現状の教育システムは、集団に同質性があった方が教えやすく、結果として異質な子どもを排除していくような仕組みになっていました。

なぜ、これが限界なのか。まず、そもそもグローバル化する社会構造のなかで、多様な価値観を持った人間と共に暮らしていかねばならないという現実があります。また、地球や人類が多くの課題を抱えるなかで、科学技術を進歩させていくためには、多様な考えを持つ者との対話を通じて、合意形成を図る力が不可欠だからでもあります。さらに言えば、そうした力を一人ひとりに養っていかなければ、社会自体が崩壊してしまいます。

木村　学校に多様な空気を充満させることです。一人ひとり違う個性の子ども同士がいつも一緒に学び合うことが当たり前の学校に変えるのです。

多様性社会で生きて働く力は、多様な空気が充満する学びの場でしか獲得できません。教員だけが子どもの前にいるという画一的な学校文化は、一日も早く断捨離しなければ手遅れになります。

大空小では共有していたことがあります。「自分は、教員である前に社会人か。社会人である前に大人か。大人である前に一人の『人』であるか。人として子どもと学び合う自分でなければ教員はできない」ということです。先生しかいない学校の空気は画一的ですが、多様な人が学び合う学校は必然的に多様な空気が充満します。

近代から現代への教育制度の歪み

合田　近代以前のわが国においては、子どもは「労働力」と見なされていました。150年前、そこに「学校」という、**寺子屋**❷とは全く違った仕組みが導入され、「労働力」と見なされていた子どもは「育成すべき存在」に変わりました。当時これは、今から考えてもとてつもないパラダイムチェンジだったと思います。

近代学校制度は、このようにそれまで労働力と思われていた子どもを学校に集め、教科書と黒板、チョーク、ノートに鉛筆など紙ベースで標準化された環境で、同一学年のクラス編制による一斉授業で学び、教科ごとに系統化された内容の理解の程度をペーパーテストで測り、その結果でスクリーニング（ふるい分け）して社会に送り出す仕組みです。

そのとき初めて「教科」「学期」「学年」「試験」なども導入され、こうしたシステムのもとで子どもたちが体系的な知識を学ぶことが、わが国の劇的な社会構造の変化において必要だと考えられたわけです。当然、働き手であった子どもを学校に奪われた大人たちは反発し、当時は**学制**❸

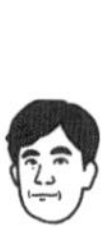
❷江戸時代後期に全国に置かれた寺子屋は、子ども同士による学び合いが中心で、教師（師匠）となっていたのは主として町人でした。教員という職業が生まれ、教科書を使った一斉講義形式の授業が始まったのは、明治時代に入った後のことです。

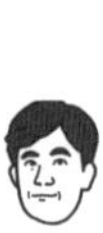
❸日本で最初に近代学校制度を整えた教育法令です。学区制等はフランスの学校制度が模範とされ、教育内容についてはアメリカのカリキュラムを参考にしたと言われています。

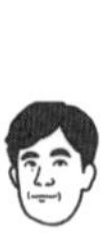
❹戦前の日本において、教員養成を担っ

反対の一揆といったかたちで軋轢が生じました。

このように、国が強権的に労働力だった子どもたちを集め、近代国家の担い手として必要な知識を修得させたのが明治初期。それから約150年の間、本当にうまく機能したのだと思います。ところが、その仕組みが形式的になり、今は子どもたちの自立をはばみ、学びの非効率化を招いているという工藤先生のご指摘は、まったくそのとおりだと思います。

150年前に学校制度ができて以来、明治・大正・昭和と、学校は村で唯一の近代建築でしたし、そこで働く教員は④**師範学校**等を出たインテリで、村で唯一のホワイトカラーでした。その意味で学校には権威があったし、教員は「先生様」と呼ばれ、尊敬を集めていました。当時の教員はただのインテリではなく、知的にも人格的にも優れている、まさに「スーパー・ティーチャー」と周囲から認識されていたと思います。

戦後になって、後に文部大臣となる教育社会学者の永井道雄京都大学助教授（当時）が「⑤**でもしか教師**」という言葉を使いましたが、当時は

ていた教育機関です。東京師範学校（現在の筑波大学の前身）を皮切りに全国各地に設置され、戦後は新制大学の教育学部に再編成されるかたちで再出発しました。

⑤「先生にでもなるか」と言って教師になった人や「先生しかなれない」と揶揄される人のことを指す言葉です。高度経済成長期に教員の採用数が大幅に増え、比較的容易に教員として採用されるようになったことから、この言葉が生まれたと言われています。この言葉を最初に言った永井道雄氏は教育社会学者で、後に民間人として文部大臣も務めました。

この言葉がとても新鮮で、世の中も「そんなことはない。教師はもっと志の高い職業だ」と受け止めていました。

それが大きく変わったのは、先ほど申し上げたとおり、とくに1990年以降の専門家受難の時代だと私は感じています。橋本龍太郎総理のもとで行われた「⑥**橋本行革**」の背景の一つにもなっている文脈ですね。専門家の専門性が溶解し、「専門家の言うことを鵜呑みにしない」という雰囲気が横溢するなかで、本来、専門家の専門性とセットであった「アカウンタビリティ」「説明責任」の意味が大きく変わってしまいました。

それまで「先生様」と慕われてきた学校も、これからはすべての保護者や地域の方々に納得してもらえるまで説明すべきと言われるようになるなど、専門家である教師にとって受難の時代を迎えたわけです。

アメリカにおいては「⑦**反知性主義**」という言葉がよく使われますが、この言葉の裏には「知性」に対するリスペクトが存在しています。だから、その知性に対抗するという意味で「反知性主義」が成り立つわけで

⑥1996年に首相となった橋本龍太郎氏のもとで進められた一連の行政改革のことです。この行革によって、2001年に大規模な省庁再編が行われました。

⑦一言で表せば、知的階層やエリートの知性を懐疑する主義主張のことです。

⑧森本あんり著『反知性主義』（新潮選書）が示すとおり、「反知性主義」は、知性に対するリスペクトを前提に、知性を持ったエリートが権力を行使し、学校教育を通じて特定の家系が権力を持ち続け

すね。

一方で、日本はそもそも「知性」に対するリスペクトが乏しいと感じることが少なくありません。「⑧**非知性主義**」的な状況があって、そこに「アカウンタビリティ」が求められたことで、大きな歪みが生じたのだと思います。

このときに問題だったのは、文部科学省も含めた教育界が、「形式」を過度に重視して説明責任を果たそうとしたことです。たとえば、国や都道府県、区市町村は、どんなに内発的な研究動機に乏しくても「研究指定校」と指定するという形式で教育の質的向上を図ろうとする姿勢を示しました。

あるいは、各学校が教育の質ではなく、教科等ごとに⑨**標準授業時数**をきちんとこなしていることを過度に重視したり、⑩**教員免許更新制**がより効果的に機能するように、実質化するための手を打つのではなくこの制度的な枠組みがあること自体に安住したりしてしまった。このように「自分たちはやるべきことをちゃんとやっていますよ」ということを「形式」


ているといった権力の形成や階層分化において現実に知性が果たしている機能に対する懐疑という意味が強いのですが、これに対してそもそも知性自体を否定するのが「非知性主義」だと私は考えています。

編 ⑨学校教育法施行規則に定められた、各教科等ごとの標準的な授業時数です。標準授業時数を上回って教育課程を編成することも可能です。一方で、災害や流行性疾患による学級閉鎖等により、標準授業時数を下回った場合、下回ったことのみをもって同規則に反するものとはしないとされています。

で示してきたわけです。

「先生ががんばっているか」ではなく「子どもが育っているか」を見る

合田 文部科学省には「がんばっている先生の足を引っ張ってはいけない」という文化があります。「内発的な研究動機のない研究指定校は、ちゃんとやっていることを『形式』で示そうとしているのだ」などと省内で言えば、「研究指定校もがんばっているのだから」といさめられるでしょう。

でも、たとえ「がんばっている」ことでも、子どもたちが育つうえで本当に適切かどうかはやはり考えなければなりません。たとえば先日、とある小学校で「3みつパトロール隊」を子どもたちに結成させたという報道がありました。子どもたちがプラカードを首から下げて昼休みの教室をパトロールし、「密」を見つけては注意するという取り組みです。要は、子どもに「自警団」をさせているわけです。

編 ⑩教職生活の全体を通じて、その時々で求められる教員として必要な資質・能力が保持されるよう、定期的なリニューアルとその確認を行うことを目的として、2009年4月から導入されました。10年ごとに更新講習の受講等による免許更新の手続が必要です。

考え込んでしまうのは、これをすばらしい取り組みだとして地元の新聞社が報道していたことです。「教員が注意するよりも効果がある」との校長のコメントも紹介されていました。恐らく、この取り組みを思いついた学校の誰かが新聞社に話し、記者もデスクも違和感を持たずに記事にしたのでしょう。新聞が出るまで、誰も「子どもの自立にとって適切なんだろうか」とは思わなかったわけです。

ある人がＳＮＳでこの取り組みの問題点を指摘していたのですが、私もそれに賛同するかどうか、躊躇しました。これが行政の取り組みなら全力でお止めするのですが、文部科学省には伝統的に「学校のがんばりを批判してはいけない」という文化があるからです。

ただ、大事なのは、大人が子どもたちにやってもらいたいと思っていることを、子どもを使って実現することではなく、子ども自身が自ら考え得心して、行動することではないか。そのためには、新型コロナウイルス感染症の感染拡大防止に大人も悩んでいることを子どもと共有すべきではないか。「3みつパトロール隊」の子どもたちががんばって注意すればするほど、子どもたちが自ら考え得心して、行動することから遠ざかるのではないか。だとすれば、もしこの取り組みが報道どおりなら子どもたちの社会的自立という観点から違和感があると思い、ＳＮＳにもその旨を書き込みました。

木村　そうした歪みは、どんな学校、どんな教室にもあります。とある1年生の研究授業を見たときのことです。ある男の子が元気いっぱいに手をあげ、指名されたので話し始めたら、新任の女性教師に「返事ができていません。もう一度やり直し」と言われました。それで、その子はもう一度手をあげて、今度は「はい」と返事をしてから話そうとしました。すると今度は「椅子を入れなさい。もう一度やり直し」と言われました。その子はもう一度手をあげ、返事をして、椅子を入れて話そうとしたのですが、「忘れたからもういい」と座ってしまいました。

1年生のうちからこんな見せしめの指導を受けたら、どんな子でも学校を嫌いになってしまうでしょう。私は我慢ができず、授業後にその先生に「返事させる目的は何？　『はい』と言えない子は、ここで学んだらあかんの？」と聞きました。するとその先生は涙目になって「こう指導しないと、校長先生に怒られるんです」と話していました。先生方も、ルールや評価でがんじがらめにされているのです。

「手段の目的化」について言えば、目的には必ず結果が伴わなければなりません。結果がよくなければ、すぐに手段を変えなければいけない。それでは結果はどのように検証するのかと言えば、子どもが育っているかどうかという「子どもの事実」に基づいてです。先生ががんばっているかどうかなんて関係ありません。

2020年になってようやく「主体的・対話的で深い学び」が始まりました。教師を主語にした学びから、子どもを主語にした学びへと、ようやく変わろうとしているわけです。

この学びの成果も、子どもが育っているかどうかの「事実」を見て検証し、実践していくうえでの手段を考えていく必要があります。そして、うまくいかない場合は、新年度になるまで待つのではなく、すぐにやり直す必要があります。

合田　学校教育において、手段が目的化してはならないこと、形式で**リスクヘッジ**⑪してはならないことなどは、しっかりと社会で共有していかねばなりません。現に、学校の教育実践を積極的に発信する役割も担っている学習指導案や実践研究報告が、一般の人が読んでもわかりづらいという内向きで閉鎖的な形式になっているわけです。

「説明責任」という言葉に怯えて学校と社会の間に高い壁をつくるのではなく、自分たちの取り組みをどう発信するのかという積極的な姿勢はたいへん重要になっています。必ずしも文章化する必要はなく、学校をオープンにして「見に来てください」というのも、積極的な発信の重要な方法の一つだと思います。教育というのは、目で見ないとわからないものですからね。

編　⑪起こり得る危険を予測し、その危険に対応できるように対策を図ることです。

プロセスを見て、自らの五感で評価することが大切

工藤　「がんばっている先生を否定しない」という伝統があるがゆえ、目指す方向性がズレているにもかかわらず、議論が揺り戻されてしまうのです。文部科学省が公表する資料のなかにも、「先生はがんばっている」という言葉のもとで、見当違いなのに「よし」とされている事例が山ほどあります。正直うんざりします。

文部科学省の施策については、目指すべき最終的な姿だけでなく、そこに至るまでの途中段階の姿も示していく必要があると私は考えます。そうしたプロセスもきちんと書き込んでいかないと、人々の意識を変えていくことはできません。

たとえば麹町中学校には、全国各地から多くの教育関係者が訪れますが、何の説明もせずに1年生の授業を見た人は、「なんだこれは。こんなもの、学校ではない」と感じるかもしれません。

もし、大空小を卒業した子どもたちが、そのまま麹町中に入学してくるのなら、1年生の授業は全く違ったものになるでしょう。しかし、現

実には理想とは真逆の姿で入学してくるので、主体的な学習者とするための「⑫リハビリ」が必要となります。

1年生の授業は、子どもを自律的な学習者にするためのプロセスであるということを丁寧に説明するようになってから、麹町中の実践は理解されるようになりました。

今後国が進めていかねばならない施策も、苦しい「過渡期」を乗り越える必要がある。そういった覚悟まで書き込んでいくことが大事なんだと思います。

合田　世の中の人々の頭の中には、自分が受けてきた学校のイメージがあります。それは、教室という空間に40人の子どもが整然と座っていて、教師の説明を必死になって聞き、ノートをとっているというものです。この基準で考えるから、麹町中のリハビリは「学校ではない」となる。これは、「形式」で説明責任を果たしてきたことと無関係ではありません。わが国に一番欠けているのは、自分の頭と五感を駆使して自らのリスク

⑫ちなみに、以前は「リセット」という言葉を使っていましたが、なかなか理解してもらえませんでした。それを「リハビリ」と言うようになってから、理解が得られるようになりました。なお、木村先生が言う「巻き戻し」と同義です。

で自分自身で評価を行うことだと私は思います。それができないから、数字や形式にすり替えているわけです。大事なのは、自ら現場に足を運んで、自らの頭と五感で評価していくことです。

社会を変えるためのメディアの役割

合田　経済部や政治部の記者は、経済や政治のことを勉強しているが、社会部の教育担当記者は、教育のことをよく知らないまま記事を書いている人が少なくないと指摘する向きがあります。

長く教育を見ておられるベテラン記者さんもいらっしゃるので一概には言えませんが、教育は間口が広く、すべての人が学校で学んだ経験がある「教育評論家」ですから、その指摘がなされる傾向も否定できないと思います。

たとえば、木村先生、工藤先生から「学校教育はサービス産業ではない」との話がありましたが、この認識はマスコミも含めて議論の「土俵」にすべきです。それなのに、その土俵を踏み外した記事や発信が散見されます。

学校は、おとなしく口を開けていれば誰かが何かを与えてくれるようなところではありません。工藤先生のお話にもあったように、互いが影響を及ぼし合い、尊重し合い、受け入れ合いながら「社会と個人のWell-Being」を実現していくことが目的です。

だからこそ、国民の意思である法律である⑬**教育基本法**や学校教育法において学校教育の目的が明記され、その実現を図るために、義務教育で言えば、国と地方を合わせて年間10兆円規模の公費が投じられているわけです。

経済活動やサービス産業とは別の営みであるのに、現実には、学校や教師を、Amazonのようにクリックすれば何でも応じてくれるところだと思っている人が少なくありません。その背景には、メディアの報道やSNSの影響もあることは否定できないでしょう。

その意味でも、まずは学校教育をめぐる議論の「土俵」を確立することが大事だと思います。

⑬教育基本法6条には、「法律に定める学校は、公の性質を有するもの」であり、「教育を受ける者が（中略）自ら進んで学習に取り組む意欲を高めることを重視して行われなければならない」ことなどが明記されています。

編 ⑭学校・地域・保護者で構成される学校運営協議会の方針のもとで、公立学校の経営を行う仕組みです。２００４年の改正地教行法によって制度化され、２０２０年７月時点で全国で９７８８校（導入率27・２％、前年度から

工藤　メディアについて言えば、教育系の新聞社・出版社も、ほかの大半のメディアと同様、傍観者になっていて自分たちの主義・主張がありません。日本の教育をよい方向へ持っていこうという意思がないから、本質をついた見解も明らかにズレた見解も、ただ並列で載せています。

私自身、自分とは真逆の考えをよしとしているメディアには載りたくないですし、ある教育系の新聞社の人には、「あなたたちはズレています」とはっきり伝えたこともあります。ダメな論調に対しては、きちんとダメだと批判をするくらいの覚悟が、教育系のメディアにもほしいですね。そうしないと、議論の揺り戻しが起きて、改革が前へ進みません。

⑭**コミュニティ・スクール**が日本で広まろうとしているときもそうでした。せっかくよい仕組みができたのに、いつの間にか⑮**学校支援地域本部型**にすり替えられてしまいました。現場で行われていたよい取り組みが、国が集約して制度化・事業化する過程で別のものになってしまったわけです。これまでもそうしたことが何度も行われてきたし、これからも行われる可能性があるでしょう。

2187校増加）が指定されています。

⑮当初のコミュニティ・スクールが、学校・地域・保護者の協働による学校経営を柱としていたのに対し、学校支援地域本部事業では地域ボランティア等が学校を「支援」するという形になっています。この制度を導入した自治体の中には、地域・保護者が学校経営を担う当事者というよりは、単に外部評価的な役割となってしまい、学校に新たな要求ばかりを膨れあがらせる結果を招いたケースも見受けられます。

では、どうやって日本を変えていけばよいのか。真剣に突き詰めれば、もう学校が単独でやるしかないというのが私の結論です。国や教育委員会の事業等に乗っかるのではなく、自らの判断で、自らの力で進めていく。そして、そこに自分なりの理論を構築して、多くの人たちに共通理解を図るかたちで発信していくわけです。

でも、発信の仕方を誤れば、人々の誤解を招き、改革が後戻りすることもあります。だから私は、テレビ局や新聞社とも幾度となくけんかをしました。書かれた記事に対して「これでは世の中を変えられない。言葉の使い方を変えてほしい」と頼んだことも多々あります。そうしたやり取りのなかで、「もうけっこうです」とお断りさせてもらったテレビ局もありました。

繰り返しになりますが、上位で合意したことを決して揺り戻してはいけないし、そこを通り過ぎないと、日本の教育はいつまでたってもよくなりません。メディアの人たちには、その部分をぜひ理解していただきたいと思っています。

木村　フォローするわけではありませんが、教育系の出版社も変わろうとはしています。そうした姿が見えるから、私も[16]『教職研修』に「今月のことば」という連載を書かせていただいています。

一方で、工藤さんの言うこともとてもよくわかります。私も現職校長時代、とある教育誌について「こんなもん読んだらあかん。子どもが不幸になるで」と周囲に公言していました。

退職後、その教育誌から執筆依頼があって書いたのですが、できあがった雑誌を見ると「まだこんなことを言っているのか」と思うような記事のオンパレードでした。私の記事だけが明らかに別の方向を向いていて、ほかの記事を「全否定」するような感じでした。そうした雑誌に載ることに、矛盾を感じているのは確かですが、私自身はたった一人でもいいし、1ミリでもいいので、現場の先生方に変わってほしいと思いながら原稿を書き続けています。

ある新聞社は、明らかに方向性がズレた記事を、「内容を確認してほしい」と掲載前に送ってきました。私は「このまま出されたら困る。書き

編　[16] 弊社（教育開発研究所）が発行する学校管理職向けの月刊誌です。「自主的・自律的」な学校経営を柱に、管理職に必要な情報・知見などを提供しています。木村先生の「今月のことば」は、本誌の巻頭を飾る人気コーナーです。

直してほしい」と伝えたのですが、「もう掲載枠が決まっているから、それはむずかしい」とのこと。仕方なく、記事をまるごとこちらで書き直しました。

大切なのは、ストーリーをきちんとつくりあげていくこと

合田　私自身は2019年、教育開発研究所から著書[17]を出させていただいたのですが、発行後に教育学部のある教授から、「内容がむずかしすぎる」と言われました。もちろん、事務方の私が書いたものですからむずかしいはずがないのですが。

学校の教員は時間もないし、むずかしいことは考えられない。だから、文字をもっと大きくして文字数を減らして、イラストや図を入れてやさしくしないと理解できないと言うのです。それを聞いて、この教授はずいぶんと学校の教師を馬鹿にしているのだなと思いました。

私自身、あの本を読んでくださった先生と対話する機会が何度もありましたが、霞が関の官僚よりもよほど深く理解し、自分事として捉え、

編
⑰『学習指導要領の読み方・活かし方――学習指導要領を「使いこなす」ための8章』という単行本です。「学びの地図」としての新学習指導要領の読み方・活かし方を、作成の中心を担った合田さんがわかりやすく解説しています。

考え抜き、実践に活かしてくださっている先生方がたくさんいます。その教授が思っている以上に、学校の先生方は教育改革に対し、深い関心を持って取り組んでいらっしゃると思います。

私自身は、メディアだけを批判する気はありません。今はインターネットにおける世論が国の政策決定にも大きな影響を与える時代です。ですから、メディアもよりシンプルなストーリーで伝えていかないと、一般の人たちには受け入れてもらえません。

ワイドショーのコメンテーターが強い口調でシンプルな発言をするのは、そのほうが視聴率が稼げるからにほかなりませんね。今やそれは政治や行政も同じ状況で、きめ細かな改革をするより、**郵政民営化**[18]のようなわかりやすく大きな改革をしたほうが国民に理解もされやすいし支持も得られやすいわけです。

でも、そうやってストーリーをシンプルにすればするほど、「土俵」は小さくなります。そして多くの場合何らかのかたちで破綻します。なぜならば、ストーリーをシンプルにすればするほど、どこかで歪みや無理

編 [18] 2005年に行われた第44回衆議院議員総選挙では、郵政民営化が大きな争点となり、これを公約に掲げる自由民主党が議席の3分の2以上を獲得する圧勝を収めました。当時、民営化に反対する議員が「抵抗勢力」と報じられるなど、当時の小泉首相が完全にメディアを味方につけたことから「小泉劇場」と呼ばれました。

が生じ、切り捨てるものが多くなっていくからです。

たとえば教育政策で言えば、学校では子どもの多様性を切り捨てることになります。そればかりか、真実を歪めてストーリーをつくることにもなりかねません。

ですから、「土俵」を大きくとって、多様な人と対話をしながら汎用性の高いストーリーをつくりあげていくほうが、結果的にはよい方向へ進むと思っています。この認識を関係者間で共有していく必要があります。

自戒を込めて申し上げれば、われわれ行政関係者も、わかりやすいストーリーをつくらざるを得ない場面が多々あります。でも、結局のところ、そうやって無理をすればするほど、よい結果は得られません。

永田町もそうですが、今は敵と味方が瞬時に入れ替わる時代です。かつての単純な「自民党・文部省[19]VS社会党・日教組」のような構造ではなく、昨日まで味方だった人が、明日は敵になっているなんてことも少なくありません。

そうした時代において信頼を得るためには、主張していることの中身

編 [19]旧文部省と日本教職員組合は、40年以上にわたり激しく対立していましたが、1995年に和解し、協調に転じました。

以上に「戦い方」が重要になってきます。嘘をついてでも大きな旗を掲げて戦う人間と、将来を見据えて中身を重視し土俵を広くとって戦う人間。長期的に見れば、後者が勝つと私は思います。

かつての内閣総理大臣・大平正芳[20]は「楕円の哲学」を提唱していました。「円を丸くしてはいけない、円の中心は二つ以上とって楕円の形にしなければ世の中は収まらない」という政治哲学です。これは今の時代にも通じる話だと思うのです。小さな円をつくってエッジの利いた戦い方をしても、結果的に敵が増えてうまくいきません。

メディアの問題も大きいと思いますが、同様の構造的問題は、政治も行政も抱えています。コスパの範囲を広くとって、複雑になってもよいのでストーリーをきちんとつくりあげていくことが、最終的には最もコスパがよいということを共有していく必要があります。今は、明日の視聴率、明日の支持率がよければそれでいいという風潮が強すぎるように思います。

編 [20] 第68・69代の内閣総理大臣で、1978年12月に着任しましたが、在任中の1980年6月に急逝しました。

教育制度の問題点
ちゃんとやってるヨ!
形
過度な形式重視
説明責任
授業をおわらせる!
Point3
質
時間
制度
~♪
制度そのものがあることに安住
大衆受けするようにストーリーをシンプルにつくる
こうです!
政治,行政,メディアたち
議論の歪み
シンプルにすれば『土俵』も小さくなる
だから
Point5
複雑なストーリーでもつくる・伝える
自分の頭と五感を使って
チャレンジ!
次はこうしよう
自分自身で評価する

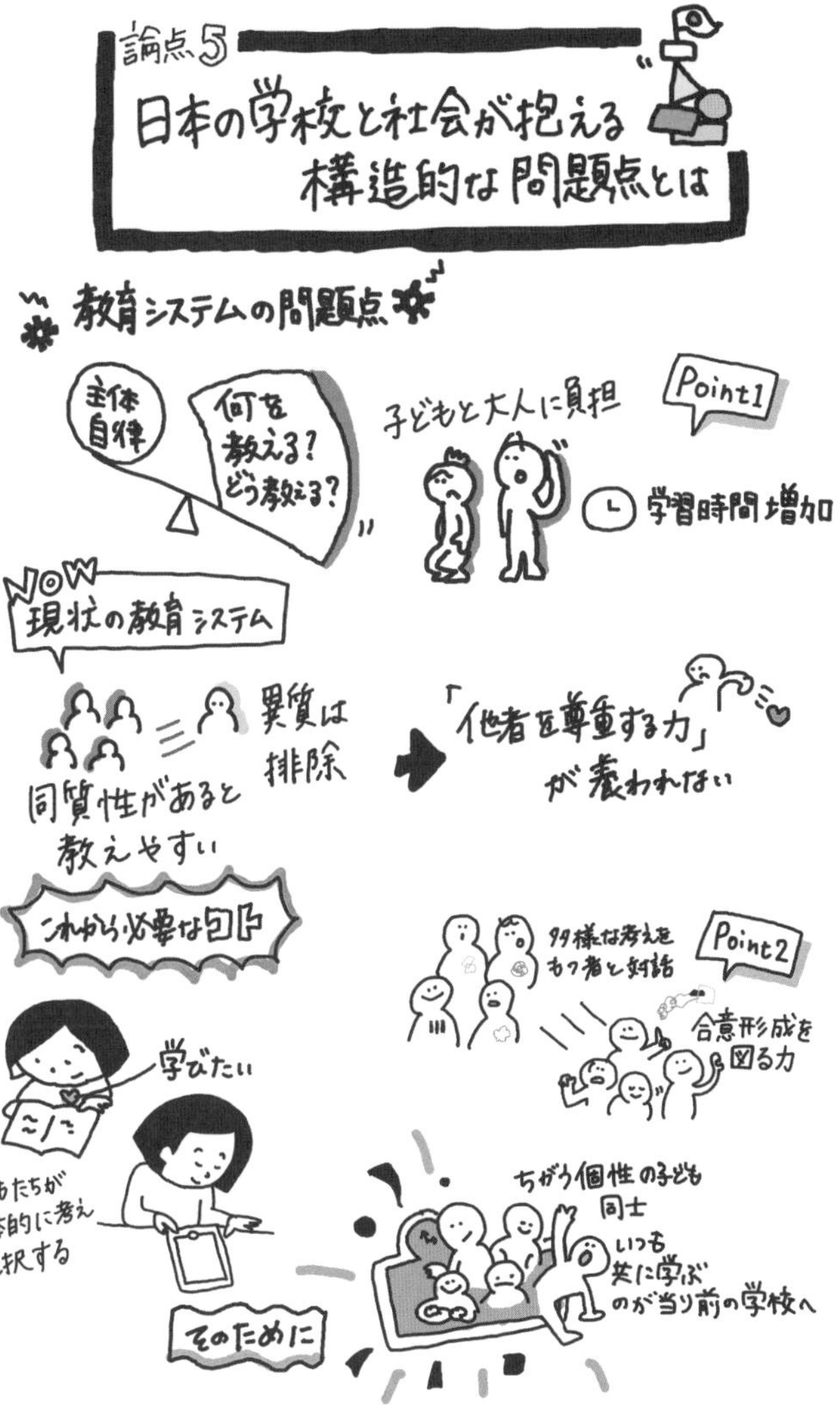
論点5
日本の学校と社会が抱える構造的な問題点とは
教育システムの問題点
主体自律
何を教える？どう教える？
子どもと大人に負担
Point1
学習時間増加
NOW
現状の教育システム
異質は排除
同質性があると教えやすい
「他者を尊重する力」が養われない
これから必要な力
多様な考えをもつ者と対話
Point2
合意形成を図る力
学びたい
子どもたちが主体的に考え選択する
ちがう個性の子ども同士いつも共に学ぶのが当り前の学校へ
そのために

論点6

最上位目的に向けた「合意形成」をいかに図るか

最上位目的に向けて合意形成を図る――。教育改革を進めるうえでのスタート地点が、本座談会の共通認識として見えてきました。とはいえ、多様な人々の考えや価値観を集約していくことは容易ではありません。具体的に、どのようにすればよいのか――。

未来のあるべき姿から、逆算して考える

工藤　教育改革がなぜ進まないのか。問題の根本は、同じ目標・目的を掲げないままスタートしていることです。最上位の目的さえ合意できていたら、手段が目的化することはありませんし、しかるべき手段がとられていくはずです。

編　❶1941年の国民学校令に基づいて設置された8年制の初等中等教育機関です。日本の戦時下体制が強まるなかで、教育勅語の教えを柱に据えた国家主義的な教育が施されました。戦後廃止され、1947年4月に新制の小学校と中学校が誕生しました。

日本の教育は伝統を重んじる傾向がありますが、その多くは昭和以降、とくに太平洋戦争前後の❶**国民学校時代**につくられたものです。「❷**知・徳・体**」を重視した教育もその一つです。これを重視するなかで、日本中の学校は「あいさつが大事」と言って、それができない子を排除してきました。「知・徳・体」を重んじる文化のなかには、特定の価値観からはみ出した人間を「村八分」にするような風潮があると思うんです。

やはり、最上位の目的について、皆で一度合意をしてから前に進むことが必要です。未来の日本社会のあるべき姿から、逆算をしていくわけです。日本の伝統・文化のよさを取り違えている人たちを、まずは同じ土俵に乗せる必要があります。

私が委員を務める❸**教育再生実行会議**も、いろんな人たちが集まっているがゆえに、話すことの内容や方向性がバラバラです。このままではいっこうに合意ができないと思い、先日の会議で私は「意見は違っていてもいいですが、合意が得られたところから、記録に残していきませんか」

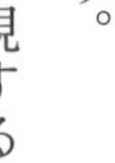

❷最初に提唱したのは、イギリスの教育学者であるハーバート・スペンサーだと言われています。これを福澤諭吉が1872年に発刊した『学問のすゝめ』の中に取り入れ、この考え方が日本でも広く普及しました。

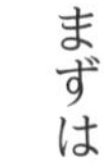

❸私は2018年7月から委員を務めています。第2次安倍内閣のもとで発足した諮問機関ですが、菅内閣のもとでも継続されました。

と提案しました。そうした手続きを踏んでいかないと、「揺り戻し」が起きてしまうからです。

合田　わが国の議論の仕方は常に「ボーリング型」で、政治家も有識者も、相手のいないレーンに一方的に投げ込んでいます。それを拾い上げてまとめるのが事務方たる官僚たちです。日本の官僚がなぜ求心力を持っているかというと、これら一見バラバラの意見を大きな土俵のなかで整理して、一つのストーリーにまとめる技術に長けているからです。

しかし、今後は「ボーリング型」ではなく、「テニス型」にして、政治家や有識者がラリーをしながら話し合い、一つのロジック（論理）をもって合意していく必要があります。さらには、その様子を常に公開していく。一般の人々に、政治や行政を他人事ではなく自分事として捉えていただくうえでも、こうしたプロセスは不可欠だと思います。

木村　会議体について言えば、トップの人にゴマをすって、皆が同じようなことばかりを言っているようなものもあります。そんな会議体では、本質を突いた発言をすると、次期委員に選ばれなかったり。

工藤　日本の教育界は、こうして合意をしてこなかったがために、二項対立的な議論がまかり通っています。先ほども話しましたが、「オンライン授業と対面式授業のどちらがよいか」なんて議論が一部でなされていますが、どちらがよいかなんて子どもや状況によって違います。

ましてや[4]**「ICT化を進めるべきか、個人情報を守るべきか」**なんて議論は、トンチンカンもはなはだしい。新しいサービスが次々と生まれ、[5]**世の中のデジタル化**が加速度的に進む時代にあって、学校のＩＣＴ化を絶対に止めるわけにはいきません。この問題は二項対立的に捉えるのではなく、ＩＣＴ化を推進するなかで個人情報の保護をどう図るかが大事なんです。

そんなことは本当だったら誰もがわかっているはずなのに、上位目的の合意をしてこなかったがゆえに「揺り戻し」が起こり、二項対立的な

❹教員がＵＳＢメモリを紛失するなどの事件が新聞等で報じられることで、教育委員会や学校がＩＣＴの導入に慎重になったり、過度に制限をかけたりするような状況があります。

編

❺学校のＩＣＴ環境の整備やＩＣＴ利活用が遅れている状況を受けて、1人1台端末、高速大容量の通信ネットワークの一体的な整備等を進めることで、個別最適化された学びを全国の学校現場で持続的に実現させることを目指したＧＩＧＡ（Global and Innovation Gateway for All）スクール構想の実現に向けた環境整備が進められています。

議論を繰り返してしまっている。

合田　教育行政は、子ども、教師、主任主事、教頭・副校長、校長、市区町村教育委員会と市区町村長、都道府県教育委員会と都道府県知事、文部科学省という、長いチェーンのなかで進められています。このチェーンは本来しっかり相互に結びついた「改革チェーン」であるべきですが、この流れのどこかで意欲や能力、情報、予算などの目詰まりが生じ、切断されてしまうと、学校教育の進化に向けたダイナミズムとサイクルがストップしてしまいます。その結果、木村先生や工藤先生のように、強烈な個性を持ち自律した管理職や教育長がいない限り、改革の歯車が回りません。

この問題がむずかしいのは、途中段階にいる人が、よこしまな心を持っているわけでも、「教育を悪くしてやろう」と思っているわけでもないという点です。それぞれが「よかれ」と思って仕事に取り組んでいるのです。

編
❻欧米で活発化していた「新教育」の影

もう一つ、別の軸の課題もあります。**大正自由教育**[6]のような探究的な学び重視の流れを、わが国の社会は幾度となく遮断してきました。なかでも顕著だったのは、国民学校が創設されたときと、**1958年版学習指導要領**[7]のときです。二つに共通するのは、他者と異なることに意義や意味を見出すのではなく、他者と同じことができることを重視する視点です。これが成功しました。そして、この成功体験から逃れられないまま、現代に至っていると考えています。

私が教育行政に携わったり、公立学校のPTA会長を6年間務めたりするなかでリアルに感じたのは、公教育については、二つの「せいとうせい」がせめぎ合っていることです。「正統性」(Legitimacy)と「正当性」(Rightness)です。

前者は、公教育のあり方を民主政のプロセスのなかで誰が決めることができるのかという観点で、最終的な正統性は国民の代表者で構成される国会や、国会において成立した教育基本法や学校教育法にありますが、公立学校においては設置者である市区町村の首長や地方議会もその正統

響を受けて、1920年代から1930年代前半にかけて起きた運動で、それまでの教師中心の画一的で型にはめたような教育のスタイルから、子どもの関心を中心にした、より自由な教育の創造を目指そうとするものです。

編

❼基礎学力の充実、科学技術教育の向上などが重視され、この学習指導要領によって日本の学校教育は「経験主義」(経験や体験活動を重視)から「系統主義」(知識・技能の系統性を重視)へシフトしたと言われています。「道徳の時間」が導入されたのもこの時です。

性を担います。それに対して、正当性は専門家としての知見や研究者の研究成果などに基づく正しさのことで、この二つの「せいとうせい」はせめぎ合うことが少なくありません。

保護者や地域住民、地方議会の議員などの頭の中にある学校像には時間差があります。なかには、「今のクラスは子どもの数が少なくて、切磋琢磨がない。俺のときは1クラス60人だった。あの頃のほうが、みんな生き生きとしていた」なんて言う人もいる。

「あなたが源頼朝だったらどこに幕府を開いたか」といったIf you were?の歴史をテーマにした探究学習をしていたら、地域の方や保護者から「学級会のような授業で、入試に役立たない」と批判されたといった話もうかがったことがあります。まさに正統性と正当性のせめぎ合いです。

工藤先生の言う「上位目的の合意」ができていないと、こうした横やりに負けてしまうわけです。実際、そうした横やりが飛んできて、教育委員会が現場を守らなかった結果、校長が更迭されたということも目の当たりにしました。本来であれば、教育委員会が緩衝材（バッファ）となって、そうした横やりにきちんと対応していくべきです。

学校の自律性を高めるための合意形成を

合田　私は、行政と現場にそれぞれ欠けている点があると思います。たとえば、文部科学省は通知などの文書を通じて学校現場に情報を伝達しています。しかし、それが現場にどんなインパクトを与えるのか、きちんと想像力を働かせていないことが少なからずあります。だから、誤解や混乱を招くような通知を平気で出してしまう。

私自身、そうした通知が出たり施策が立案されたりするのを食い止めようと、省内で大人げなく局長や担当課長と言い争いをしたことも何度かありました。

一方で現場には、こうした通知を主体的に読み解くリテラシーが十分ではないきらいがあります。学校に行くと、法律も、政令も、省令も、告示である学習指導要領もすべて「お上の決めたことだから、すべてにわたっておしなべて従わなければならない」と考えている人が少なくないと感じます。

この認識は明らかに違っていて、最強のカードとして最も重視し、ふまえなければならないのは、国民の代表者で構成される国会で成立し、国民の意思そのものである法律です。それ以外は、法律を補完しているものに過ぎず、学習指導要領に至っては告示ですから、法令の序列では末端にあるものです。

行政サイドはきちんと想像力を働かせて情報を発信すること、現場サイドはそれを読み解くリテラシーをつけること、この二つをセットで進めていくことが、学校の自律性を高めるうえで不可欠だと思っています。

木村　合田さんの話を聞いていて、一つ思い出したことがあります。大空小が開校して数年が経った頃の話ですが、文部科学省の第三者評価を受けることになったのです。恐らく、他校は嫌がってお鉢が回ってきたのだと思いますが、教職員とも話して、「自校の課題を出してもらえるなら断る理由はない」との理由で受けることになりました。

それで、大学教授等の有識者の方々が学校に来られて、3～4日間かけて子どもたちの様子を観察したり、書類に目を通したりされました。そして、評価委員の代表の方が、こう言ったんです。「大空小は、誰一人取り残していない。この点は見事だ。でも、法令を破っている」と。

その方が言うには、**特別支援学級は定員が規定されている**[8]のに、大空小は障害のある子が一つの教室にそれ以上いるとのことでした。さらには、特別支援学級があるのにそこで子どもたちが学んでいる実態がなく、「これは一種の詐欺行為だ」とも言われました。

法令的なことについては対応を教育委員会に委ねましたが、この出来事を機に、教職員でもう一度、自分たちの足元を固めようという話になりました。現状のやり方を変えるのか、それとも**憲法26条**[9]が定める「子どもの学習権」を守るのか。話し合った結果、やはりパブリックの学校として憲法26条を守るべきだと全教職員の意見が一致しました。私が「安心した」と言うと、周囲の教員は「校長先生、クビになりませんよね」

編 [8]「公立義務教育諸学校の学級編制及び教職員定数の標準に関する法律」により、特別支援学級の編制基準は「8人」とされています。

編 [9]「すべて国民は、法律の定めるところにより、その能力に応じて、ひとしく教育を受ける権利を有する」と、国民の教育を受ける権利について定められています。

と心配をしていましたけどね（笑）。

すべてを解決してくれるリーダーなんていない

工藤　今回の学習指導要領のキーワードである「主体的・対話的で深い学び」については、これがなぜ必要なのか、本質的な部分を理解できている人は少ないと思います。「たくさんの人の意見を取り入れることで、考えが深まるから」程度にしか思っていないでしょう。

これが必要とされているのは、社会が多様化していくなかで、対話を通じて合意を図れるかどうかに、大げさに言えば人類の存続がかかっているからです。この認識が欠けているから、当事者意識を持てず、一刻を争う状況下なのに物事を決められないような社会になっているのです。

その昔は「優れたリーダーがいて、その人がすべて決めてくれればいい」という考え方でよかったかもしれません。でも、多様化する現代社会にあって、適切な道筋を立てて**ステークホルダー**[10]を巻き込むかたちで突き進める人なんていないし、そんな人が出てくるのを期待しても仕方

編 [10]組織が行う活動によって、直接的・間接的に影響を受けるすべての利害関係者のことです。

がありません。やはり、一人ひとりが当事者として成長していくことでしか、人類は救えないのです。

合田　私が学んできた法律学は、すべてを解決してくれる優れたリーダーはいないということを前提に成り立っています。どんな人間にも欠点があり、私利私欲で動くことは否めないなかで、パブリックな空間をどう成り立たせるかという問題意識ですね。

逆に、「この人はすばらしい。だから、この人の言うことなら何でも聞く」というのはある種のファシズムで、最も回避しなければならない状況だと思います。

木村　工藤さんや私がやってきたことは、全国のどこの学校でもできることです。私たちをスーパー・ティーチャー扱いしていること自体、「あの人だからできた」と、世の中に「やらなくてよい言い訳」を与えていることになります。

麹町中の誰一人取り残さない「合意形成」の実践

工藤　麹町中の校長になって3年くらいたった頃、私は保護者に「学校のルールを全部あげます」と言いました。生徒の服も持ち物も、お金を出すのは保護者なのですから、「全部自分たちで決めていただいてかまいません」と伝えたのです。

当時、制服について「もっと厳しいほうがいい」と言う人もいれば、「もっとゆるくしたほうがいい」と言う人もいました。学校があるルールを決めたら、それに反対する人たちが陳情団を組織して文句を言いに来たりもしていました。そんな状況もあって、保護者に「ルールをあげます」と伝えたわけです。

保護者の方々はもちろん、そう言われたとたん、途方に暮れました。自分たちでルールをつくっていいと言われても、どんなプロセスを踏めばいいのかすらわからないのですから。そこで私は、ＰＴＡのなかに「制服等検討委員会」をつくってはどうかと助言しました。その組織で検討し作成した案をＰＴＡ総会で提案し、承認を得るというプロセスです。

検討委員会のメンバーを募ったところ、このテーマに関心を持つ保護者が何人か集まりました。もともと麹町中の制服は評判がよくなかったので、早速「男子の詰襟を変えたほうがいい」とか、「女子はセーラー服にしたほうがいい」とか、いろんな意見が飛び交いました。

これでは自分の意見をただ言い合う、今の日本の状況と変わりません。そこで私は、上位の目的だけを示しました。すなわち「すべての子どもにとってやさしく機能的であること。すべての家庭にとって経済的であること」というものです。ちょうど⑪**アルマーニの標準服**が話題になっていた頃で、「デザインの話は後にしてください」とも言いました。

すると、保護者の方々が学び始めたのです。各家庭にアンケートをとったところ、生活保護受給世帯もあるという実態がわかり、当初は「ブランドものがいい」などと言っていた方々も「やはり高価な制服はダメだよね」という話になりました。

その後、子どもたちのなかにも委員会が立ちあがり、保護者の委員会とコラボしながら検討が進められました。でも、いっこうに話し合いが

編

⑪2018年、中央区立泰明小学校が、新しい標準服のデザイン監修をイタリアの高級ブランド「アルマーニ」に依頼したことが報じられ、学校が批判を浴びました。

進展しません。そこでまた私から、「試しに制服をなくしてみてはどうか」と提案しました。夏と冬に1回ずつ、私服登校期間を設けるというものです。

実際にやってみると、夏はとても評判がよく、Tシャツや短パン姿で登校する子もいました。保護者からも「お金がかからないし、アイロンがけもいらなくて助かる」と好評でした。

一方、冬はどうだったかというと、私の予想どおり大不評でした。毎日違う服装で学校へ行くとなると、夏と違って重ね着をするためお金も手間もかかります。中学生の大半はおしゃれに慣れていないこともあって、服装のことでストレスを抱え、なかには傷つく子も出てきました。結果、私服登校期間中にもかかわらず、制服で登校する子が増えていきました。

最終的に検討委員会では、「やはり制服はあったほうがいい。ただし、私服も認めるのがいい」という結論になりました。こうした対話を通じ、保護者の方々は自身の価値観や考え方が変化していくことに感動していました。

ただ、複数年にまたがっての検討となったため、新しい保護者がメンバーに入ってきて「やっぱり詰襟がいい、セーラー服がいい」なんて言い始めたりする。そうして議論が揺り戻され、合意ができないことにいら立ちを覚える人もいました。

合田　そのお話はとてもよくわかります。私はプライベートで公立小・中学校のＰＴＡ会長を６年間やらせていただきましたが、教育にかかわる議論は、霞が関であれ永田町であれ、教育委員会や学校、ＰＴＡであれ、多かれ少なかれ、毎年、白紙から始まるということを痛感します。1年ごとにメンバーが変わり、どの人も自身の経験に基づく教育論でもって議論に参加してくる。

そのため、1年かけてようやく認識の共有ができてきたのに、翌年またゼロベースから話し合いが始まるなんてことが珍しくありません。

工藤　そうなんです。そんな出来事もあって、麹町中ではその後、保護者代表、生徒代表、教員代表による⑫**シンポジウム**を開催し、制服のあり方について意見を出し合いました。

ある女子生徒が「私はスカートをはきたくない」と発言したり、ある男子生徒が「僕は敏感肌なので詰襟がつらい」と発言したり、イスラムの子が「私はヒジャブをつけないとダメ」と発言したりと、生徒からはさまざまな意見が出てきました。

重要なのは、これらすべての子の意見を尊重して合意形成を図ることです。これまでの民主主義社会は多数決の論理、「90％が賛成すればそれでいい」というものでしたが、これからはＳＤＧｓが掲げる「誰一人取り残さない」ことを前提に対話を進めることが大事で、そうすればおのずと結論は出てくるのです。

このように麹町中で制服についてのルールができていきましたが、最後の最後に反対をしたのが一部の年代のＯＢの方々でした。「詰襟は絶対になくすな」と言って、教育委員会を飛び越して、議会に話を持ち込も

⑫このシンポジウムには、プラスチックのリサイクルで世界トップクラスの会社である日本環境設計株式会社の岩元美智彦会長にもご参加いただき、ご意見やアドバイスをいただきました。

うとする人までいたと聞いています。

その真偽はわかりませんが、私たちはその方々に何度も語りかけました。「こうやって世の中を変えようとしている子どもたちがいる。このことを誇りに思わないでどうするのか」と、対話を重ねました。最終的には、OBの方々も自らの価値観を押し付けることを我慢し、未来の子どもたちのために気持ちよく応援してくれたのです。

制服のルールが決まるまで、実に長い道のりでしたが、これを乗り切ったことで麹町中はワンステップ上のレベルに到達することができたと思います。多様な意見があるなかで、上位の目的に向けて合意ができたという経験は、⑬**PTAにとってはとてつもない成長**でした。

私からの提案の一つは、「参加型の学校をつくる」ということです。誰一人取り残さないようにするためにも、生徒や保護者が学校経営に参画し、最上位目的に向かって対話を重ね、合意していくプロセスが必要です。簡単なことではありませんが、一度でもこのプロセスを経験できれば、学校はいつでも改革できる組織に成長できます。

⑬実はそれ以前、麹町中では子どもたちが、「体育祭で全員リレーをするかどうか」について、対話を重ねて合意形成を図れたことがありました。保護者の方々には「子どもができて、親ができないというわけにはいかないでしょう」と伝えていましたが、その効果も少なからずあったと思います。

「俺は聞いてない」をなくす仕組みづくりを

合田　意思決定の仕組みについて言えば、わが国も「ボーリング型」から「テニス型」に転換する試みは皆無ではありません。現在、行われている政府の「**秋の行政事業レビュー**[14]」やかつて民主党政権下で行われた「**事業仕分け**[15]」は、そうした試みの一つです。

わが国の会議の多くは、あらかじめ根回しされていて、事務局の案をただ承認するようなものが多いですが、この行政事業レビューや事業仕分けはそうではなく、権限と責任と情報を持った人が集まって議論し、そこで出た結論については後戻りをしないというものです。

霞が関ではこれらの仕組みを積極的に受け止める雰囲気が横溢しているとは決して言えませんが、それはこれらの取り組みが、それだけこれまでの霞が関のあり方に転換を求めるものであることの証左とも言えます。

今後、この「テニス型」の意思決定を実現していくうえで、共有すべき認識が三つあると思います。一つ目は、賛成・反対を判断するに当たたっ

編　[14]行政事業レビューとは、国の約5千のすべての事業について、PDCAサイクルが機能するよう、各府省が点検・見直しを行うものです。各府省が最終公表した行政事業レビューシートを基に、内閣官房行政改革推進本部事務局で点検の内容、結果の妥当性を精査した後、さらなる見直しの余地がある事業を対象として、行政改革推進会議のもと「秋のレビュー」と呼ばれる公開検証が実施されます。

編　[15]民主党政権が主導するかたちで、2010年度の予算編成の際に実施されました。当該

てはロジック（論理）が大事であること。「何となく」や好き嫌いで決めるのではなく、どういう考えに基づいて賛成・反対するのかのロジック（論理）を固めていくことが大切だと思います。

二つ目は、状況が変われば判断が変わるということです。「この前と言っていることが違うじゃないか」と責めるのではなく、学術研究の世界と同様、物事を状況々々に応じて可変的に捉えることが大切です。

そして三つ目は、合意形成のプロセスにはコストがかかることを自覚することです。自分の立場・利益を超えて、客観的・パブリックな立場から論を述べる際には、必要な情報やデータを収集するなどのコスト・労力が必要です。また、対話や合意のためのプロセス自体が、民主政にとって不可欠なコストです。そのことを認識すると同時に、コストを負担してでも対話や議論を深めようと尽力している方々へのリスペクトが必要です。

この三つが共有されれば、わが国の意思決定に最も悪影響を与えている「俺は聞いてない」をなくすこともできます。

事業の担当者が事業の要点を説明した後、国会議員や有識者などで構成された「評価者」との質疑応答を経て、評決を出すというものです。

大空小の職員室での「合意形成」

木村 「俺は聞いてない」は、日本社会の根深い問題ですね。学校組織にもあるこの悪しき文化は、ぶち壊していかねばなりません。

大空小ではかねてから、「校長の指示にただ従うような教職員だったら、学校はすぐに崩壊する」と話していました。緊急時に「校長の許可をとらないと」とか、「皆の総意を得なければ」なんて言っていたら、子どもは死んでしまうからです。

大空小では、職員室での雑談のなかでいろいろなことが決まっていきました。ある子どもの事実に学んで、現状のやり方が適切ではないとなれば、「明日からは、これでいこう」と方針が変わりました。校長室という密室ではなく、職員室というオープンな場で意思決定がなされていたのです。

新しく大空小に着任した教員のなかには、そうした仕組みに戸惑う人もいました。前任校では、企画部会で決めたことを職員会議にあげて、それを校長に覆されないよう必死に戦ってきたわけですから、仕方がありません。

あるときも、職員室での雑談から決まった方針を職員朝会で伝えたところ、ある教員が「そんな話、聞いていません」と言ったのです。私は「今、聞いたやろ。いつ聞いたかは問題じゃない。今、聞いたんやから、おかしいと思ったら今この場で意見を言えばいいんやで。みんな、話は聞くよ」と返しました。するとその教員は「方針はいいと思います」と言うのです。

その後大空小では、会議は月に一回の職員会議だけになりました。日常の雑談で瞬時に必要なことの合意形成を図ることが習慣化していったからです。

大切なのは、すべての教職員にとって職員室が居場所となることです。そうすれば、雑談の内容も、そこから生まれる方針もきちんと共有できます。それとは逆に、放課後、教室に残って一人黙々と仕事をしている教員がいたら、とても心配になります。

ある日の朝、とある事案について職員室で話をし、対応方針が決まった後、私は校長会へ出かけました。数時間後、学校へ戻ってくると、職員室の黒板に朝とは全く異なる対応方針が書かれていたんです。聞いたところ、「職員で話し合って決めた」とのこと。

工藤さんなら、「考えてくれてありがとう」と言えるのかもしれませんが、当時の私は「校長の私の決裁もとらずに方針を変えて……」と思ってしまい、思わず「なんで校長の私が知らんねん……と今思ってしまった」と口にしました。

すると、ある教員が「校長先生、今度は自分がその立場になりましたね」と。そのとおりで、もし異論があるならば、今この場で言えばいいんです。ちなみに、私がいない場で決まったその方針は、「誰一人取り残さない」という最上位目的に照らしても、きわめて適切なものでした。こんな失敗をやり直す日々でした。

工藤　私だって、職員が勝手に決めたことにOKなんてしていませんよ。OKをするのは、「ここは皆さんに任せますよ」とあらかじめ伝えた部分だけです。

確実に実行すべき中教審答申

合田　木村先生と工藤先生のお話を聞いて感じたのは、人は対話を通して接したファクツ（事実）やロジック（論理）により自らの考えが変わり得るということが民主政の基本だということです。このことをメディアや政治、行政がどこまで本気で心から信じ、行動することができるかが民主政のキモだと思います。

自分たちの発信によって多くの国民が物事を深く考え、それが政治・行政にも影響を与え、国民同士がインタラクティブに対話して国をつくっていくのだという当事者意識を持てるかどうか。その扉を開ける鍵は、やはり最上位目的の共有だと思います。

一つ希望のあることを言えば、今の中教審の「新しい時代の初等中等教育の在り方特別部会」は、前述したように、30歳代の若い方々が委員として名を連ねています。従来までなら、新顔の委員は会議でおとなしくなさっていることが多かったのですが、今回はこれらの若手委員たちが自分たちで調べてきたこと、考え抜いたことをペーパーにまとめるなどして、きちんとコストをかけて積極的に発言しています。

このような議論がしっかりと成立した背景には、**堀川高校**[16]の校長でいらした荒瀬克己先生が初等中等教育分科会長として、若手委員の発言や発信をきちんと受け止めた会議運営をなさっていることも大きいと思います。まさに「荒瀬中教審」ですね。

次なるステップとしては、ワークショップ型の対話をしていくことが大切だと思います。そうしないと、せっかくあれだけの当代随一の有識者、知恵者、イノベーターが集まっているのに、もったいないですから。

2017年の学習指導要領改訂において、学習指導要領に初めて「前文」が置かれ、「これからの学校には、(……)一人一人の児童(生徒)が、自分のよさや可能性を認識するとともに、あらゆる他者を価値のある存在として尊重し、多様な人々と協働しながら様々な社会的変化を乗り越え、豊かな人生を切り拓《ひら》き、持続可能な社会の創り手となることが

⑯1999年に「探究科」を設置した京都市立堀川高校で、その1期生が卒業した2002年に進学実績を大幅に伸ばしたことは当時、「堀川の奇跡」として注目を集めました。

できるようにすることが求められる」と定められました。

この前文の規定はタテマエでも理想でも何でもなく、われわれ大人が、未来社会の担い手である子どもたちに切実な思いを込めて未来社会を託したものにほかなりません。

２０２１年1月26日の中教審答申は、この前文をふまえ、子どもたちの社会的自立という教育の目的にとって、教科や標準授業時数、教科書、学習指導案、研究指定校、教職員配置、教員免許制度や教員養成課程、教育委員会、文部科学省などの学校や教育の制度や枠組みはその目的を実現するための手段であり、これらについても二項対立の発想から脱し、その「当たり前」を見直すという観点で貫かれています。

具体的には、40年ぶりの計画的な学級編制基準の引き下げによる小学校の35人学級の実現といった条件整備を土台に、教科等ごとの授業時数の配分を弾力化する仕組みや、義務教育9年間を見通した教員養成への転換、文理分断からの脱却、地域社会に軸足を置いた⑰**高校普通科改革**、不登校児童・生徒の学校外における遠隔教育や個々の才能を存分に伸ば

⑰高校生の学習意欲を喚起し、可能性・能力を最大限に伸長するための各高等学校の特色化・魅力化に向けて、各設置者の判断により、普通教育を主とする学科として、ＳＤＧｓの実現やSociety5.0の到来に伴って生じる諸課題の発見・解決に資する資質・能力を育成する「学際的な学びに重点的に取り組む学科」、地域社会の持続的な発展や価値の創出に資する資質・能力を育成する「地域社会に関する学びに重点的に取り組む学科」、上記2学科を参照しつつ育成を目指す資質・能力を設定する「その他特色・魅力ある学びに重点的に取り組む学科」が設置可能となります。

せる高度な学びの機会の確保、多様な知識・経験を有する外部人材を活用するための教員免許制度の改善などが提起されています。

これらは、教科や学校種の壁、文系・理系の分断、子どもたち全員を集めたチョーク&トークの一斉授業、教育学部で学んだ同質性の高い教員集団といった「当たり前」を問い直し、それを乗り越えるための具体的な提案にほかなりません。

コロナ禍のなかオンライン審議を重ねながら、志と思いのある委員の皆さんがコストをかけて活発で創発的な議論をした結果であるこの中教審答申を、文部科学省として確実に施策にして実行したいと考えております。

具体的な取り組み
麹町中
子どもや保護者が学校経営に参画し
最上位目的に向かって対話を重ね
合意形成のプロセスを経験する
大空小
職員室の雑談の場で意思決定を図る
そのために
職員室をすべての教職員の居場所にする必要アリ
国
NOW → NEXT
一方的に意見を投げ込む
「ボーリング型」
ラリーをしながら
合意形成していく
「テニス型」
に変えていく
Point4

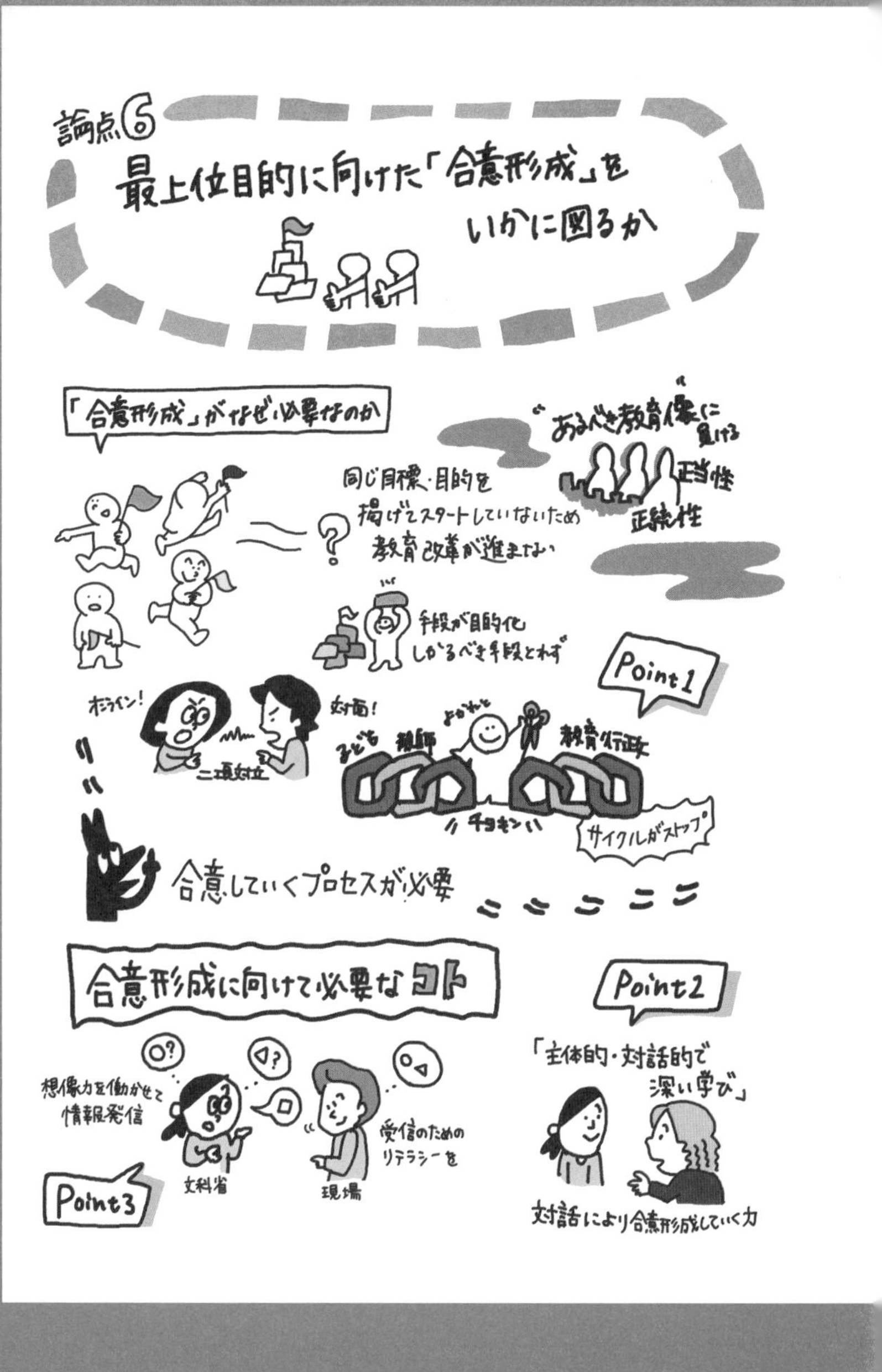

論点⑥
最上位目的に向けた「合意形成」をいかに図るか
「合意形成」がなぜ必要なのか
あるべき教育像に負ける
正当性
正統性
同じ目標・目的を掲げてスタートしていないため教育改革が進まない
手段が目的化
しかるべき手段とれず
Point1
オンライン!
対面!
二項対立
子ども
教師
よかれと
教育行政
チョキン
サイクルがストップ
合意していくプロセスが必要
合意形成に向けて必要なコト
Point2
「主体的・対話的で深い学び」
対話により合意形成していく力
想像力を働かせて情報発信
受信のためのリテラシーを
文科省
現場
Point3

論点 7

「自律」のために何が必要か

本座談会を通じて、子どもはもちろん、教員や保護者、校長、教育委員会などが「自律」し、「当事者意識」を持つことが必要であるとの共通認識が示されました。これを実際に進めていくためには、どのようにすればよいのか、必要な制度改正とは——。

「自律」に必要なのは「権限を与える」こと

工藤　現場の「自律性」を高めるためになにより大切なのは、「権限を与える」ことです。これは日本社会が中央集権型になっていることとも関係しますが、権限が与えられていないがゆえに、末端が自律できていない現状があります。

たとえば、私の故郷・山形県鶴岡市では、私の母校の鶴岡南高校を改編するかたちで、中高一貫校を開校する計画が進んでいます。私はその検討会に講師として呼ばれ、関係者と話をする機会がありましたが、誰も自分たちで新しい学校を生み出せると思っていないのです。いわゆる「先進的」なモデルをごった煮にして、ただ真似をしようとするだけ。

学校づくりとは、そんなものじゃないと私は思います。かつて鶴岡には❶**致道館**という庄内藩の藩校があり、それこそ❷**松下村塾**のように、武士の子弟たちが自由な雰囲気のなかで学び合っていました。まさに、今の時代に必要とされる学びであり、私は「致道館に立ち返って、そこから学校づくりを考えてみてはどうか」と提案しました。

県立高校の新校計画は設置者である教育委員会、つまりは県庁の人たちが主導するかたちで進められます。ですから、どうしても地元とはかけ離れた方向性で新しい学校づくりが進行してしまう可能性があります。今回の新校計画が地元の自律性を尊重する方向で進んでいくことを願うばかりです。また、地元鶴岡の方々には、ぜひその覚悟をもって取り組

❶江戸時代後期の1805年に創設された藩校で、自主性を重んじた教育方針の下、優れた人材を多数輩出してきました。

❷江戸時代末期の1842年に長州藩で開かれた私塾が始まりで、吉田松陰の指導のもとで幕末から明治期の日本を主導した人材を多く輩出しました。

んでほしいと思います。

国や組織になにより必要なのは、末端の自律性を高めていくことだと考えます。江戸時代の日本は、徳川幕府こそあったものの、各藩が自分たちでお金のやり繰りをするなど、財政的には自律していました。また、イギリスの学校は校長に多くの権限が与えられ、学校施設を活用してビジネスを立ち上げ、そこで稼いだお金を教育に還元することだって可能です。

今の日本でも、こうして公的機関が「稼げる」仕組みをつくり、稼いだお金を自分たちで使えるようにすることが、自律性を高めるうえで必要だと思います。でも、現実には与えられた予算で運営する仕組みになっているので、「使い切らないと、来年度は削られる」なんて話になるわけです。

合田　私は今、科学技術・学術総括官というポストで、[3]**科学技術・イノベーション政策**と大学・学術政策をつなぐ仕事をしています。工藤先生

[3]「科学技術・イノベーション」とは、科学的な発見や発明等による新たな知識を基にした知的・文化的価値の創造と、それらの知識を発展させて経済的、社会的・公共的価値の創造に結びつけることです。

のおっしゃっていることとまったく同じことを、物理学者である東京大学の五神真総長がおっしゃっていました。

端的に言えば、「大学が社会構想の変化のなかで担わなければならない新しい機能は、これまでにない資金の流れを創出してでも果たさなければならない」ことと、「組織的な自律性にとって、財政的な自律性はきわめて重要」ということです。

東京大学は今、2500億円くらいの経常収益がありますが、そのうち運営費交付金、国から渡される渡し切りの交付金の割合は3分の1程度です。それ以外は、競争的資金の獲得や附属病院収益、授業料収益など、自前で賄っています。

でも、それだけの予算では、知識集約型社会、データ駆動型社会、Society5.0などの社会の構造的変化のなかで求められている新たな大学の機能や使命を果たすことができないとして、東大は2020年10月、独自に「大学債」を発行しました。今後10年で1000億円の資金調達を視野に200億円を発行し、直ちに「完売」しました。

④わが国の大学の歴史において、こんなことは初めてで、大学の機能拡張を自らの意思、自らの計画でやっていくためのきわめて重要で全く新しいモデルです。この動きは市場も好感を持って迎えていて、「東大の大学債なら買い」という反応を示しています。つまり、東大にはそれだけの価値があると捉えられているのです。

そういう時代になってきて、**⑤大学を取り巻く環境は激変**しています。つまり、運営費交付金や補助金に加えて、大学の持つ知的な資源や可能性を活かして、大学がコーポレートファイナンスを通して社会や市場と直接向き合う時代が来ている。この流れは初等中等教育も無関係ではないと思っています。

学校独自にお金を生み出す仕組みをつくる

工藤　まだ20代で、生徒会活動を担当していた頃、よく「何かをするには、お金と計画が必要なんだよ」と子どもたちに話していました。実際、生徒会には、年度当初に事業計画と予算案を、年度末に事業報告と決算

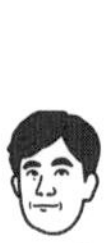

④海外では、イギリスのケンブリッジ大学やオックスフォード大学が、大学債を発行しています。

⑤政府も2021年、10兆円規模を目指して「大学ファンド」を創設し、その運用益により研究大学の抜本的な機能強化や大学院博士課程で学ぶ学生への支援を行うこととなりました。

書をつくらせました。また、文化祭の運営方法を一新し、全体予算を子どもたちに示したうえで、⑥**グループごとに出し物を企画させ、競わせるコンペティション**を実施しました。

特別活動には、社会を生きていくうえで必要な力を養える場面がたくさんあります。でも、その核となる部分が、時代とともにどんどん失われてしまっている。今は、全国どの学校の児童会・生徒会も、「子どもにお金を扱わせるのはよくない」との理由で、予算編成権を取り上げています。計画案だけつくらせて、予算案はつくらせていない。まったくおかしな話ですよ。

そうしたことも学校に取り戻したいと思い、今後、横浜創英では、学校独自にお金を生み出す仕組みをつくろうと思っています。まだまだ構想段階に過ぎませんが、具体的には、学校のなかに民間事業者の⑦**コワーキングスペース**を設けたり、オフィスを無償で提供したりする代わりに、学校の教育活動に参加してもらうというものです。「産学連携」を飛び越えて、「産学融合」といった感じでしょうか。

⑥たとえばあるグループは、アーチ状のゲートをつくろうと考え、ホームセンターに行って材木の値段を調べ、予算を加味しながらどのようなものをつくるかを提案しました。

⑦「コワーキング」とはCo（共同の、共通の）＋working（働く）の造語で、コワーキングスペースはそれぞれ別々の仕事をする人が、共同で使うことができる空間のことです。

事業者の方々には、体育館や講堂、理科室、技術室などを使って、学校の内部の人間として、いろいろなイベント等を企画してもらいます。言ってみれば、⑧**慶應SFC**や東京大学のベンチャーなど、一部の大学がやり始めていることを中高レベルでやろうという試みです。

こうした取り組みは公立学校においても首長と教育長が連携して、必要な法的基盤さえ整えれば、十分に可能ではないでしょうか。なかでも施設・設備投資に多額の経費がかかる工業高校や工業専門学校などは、メリットが大きいのではと考えます。

産学連携としては、現状でも⑨**指定管理者制度**がありますが、そんなレベルではなく、学校が自校の施設・設備を使ってお金を稼ぎ、それを子どもたちに還元していく仕組みをつくる。そのくらいの権限を校長に与えるべきです。そうすれば、既存の学校の仕組みをぶち壊すことができます。

一番影響を受けるのは、子どもたちでしょうね。すぐそばにベンチャーの人がいるというその事実だけでも、大きな刺激になります。あるいは

編 ⑧慶應義塾大学湘南藤沢キャンパス。多様化した社会に対し、テクノロジー、サイエンス、デザイン、ポリシーを連関させながら問題解決を図るために設立されました。既存の学問の枠にとらわれず、カリキュラムを一人ひとり自由に組み立てることができます。

編 ⑨公共施設の管理・運営を株式会社やＮＰＯ法人などの民間事業者や団体に代行してもらう制度です。学校教育ではあまりなじみがありませんが、社会教育施設等ではよく行われています。

在学中にベンチャー企業を立ち上げる子も出てくるかもしれません。

小学校でもできるお金を使った学び

木村　今、工藤さんが話したことを遠い国のおとぎ話のように感じる人もいるでしょうが、そんなことはありません。お金を稼ぐなんて、小学生にだってできます。

大空小でもその入り口のようなことはやっていました。**東日本大震災**[10]が起きたとき、「**道徳**[11]」で子どもたちと対話をするなかで、子どもたちから「赤十字に寄付をしよう」との声があがりました。

でも、私は「寄付っていうけど、あんたら自分で稼いでないからお金ないやろ。それって家の人に、お金をちょうだいっていう話とちゃう?」と、あえて意地悪な回答をしました。

すると子どもたちが、自宅にある不要な玩具や本を持ち寄って、バザーを始めたんです。校庭にビニールシートを敷いて、一つひとつの物に「5円」「10円」と値札をつけて。このバザーをコーディネートしたのが、P

[10] 大空小学校では東日本大震災をきっかけに、想定内で行う避難訓練をやめ、想定外のことが起きたときに子どもたちが自分で考えて対応できるような「いのちを守る学習」を行っています。

[11] 週に1回、全校児童で行う「全校道徳」という授業です。「正解のないテーマ」を毎週決めて、全学年がまざったグループをつくり、テーマについて自分の意見を出し合います。その後、グループで話し合ったことを6年生が自分たちの言葉で発表し合います。

TAに代わる組織として生まれた⑫SEAです。一般のビジネスと同様に、出品する子どもたちからは場所代もとっていました。そうして6年生は、残った売上金を全額寄付しました。

大切なのは、寄付をしたという事実ではなく、自分で稼いだお金を自分の意思で使ったという事実です。こうした学びは、小学校でも当たり前にやっていくべきだと思います。

その後、大空小では同じような取り組みが広がっていきました。たとえば、4年生は学校園で野菜を栽培して、即売会を開催しました。

開校当初、学校園は荒れ放題で使い物にならなかったのですが、地域のボランティアの力で「大空ふれあいファーム」が完成し、そこに、とある飼料会社の協力を得たことで、それはもう立派な野菜を育てることができました。

子どもたちが宣伝のビラをつくってばらまいたところ、即売会当日は朝早くから長蛇の列ができました。ところが、途中で野菜が売り切れてしまったから大変です。並んでいた人たちは、「なんでもっと早く言わん

⑫ SEAとはSupporter（支える人）、Educator（教える人）、Association（組織）の略です。PTA（Parent-Teacher Association）は保護者と教員の会ですが、大空小で教えるのは教員と保護者だけではないことから、「みんなの学校」という理念のもと、PTA組織の改編を行い、名称も変更しました。

のや！」と子どもたちに文句を言っていましたが、私たち教員はあえて知らん顔をしていました。すると子どもたちは、売り物にならなかった野菜をかき集めてきて「これ、10円でいいです」と。ちゃっかりお金はとるんですよね（笑）。

即売会が終わった後、４年生は3年生に「来年、お前らがやるときは、ちゃんと野菜の数を数えて、並んでいる人に『ここから後ろの人には行き渡らないかもしれません』と言ったほうがええで」と伝えていました。

合田　すばらしい取り組みですね。これらの取り組みの意味や価値を地域社会や保護者にしっかり理解してもらうためにも、これらの取り組みは学校、教師、そしてなにより子どもたちの自立のためだという原点や目的の共有が大事だと思っています。

先日、大阪ＹＭＣＡが１９２０（大正９）年にわが国で初めて組織キャンプを実施してから１００年になることを記念して行われたシンポジウムに、オンラインで参加しました。

１９２０年と言えば、国際連盟が発足し、わが国でも初めてメーデーが開催された年である一方で、ナチスが国家社会主義ドイツ労働者党と名乗り、東京帝国大学では森戸辰男助教授が筆禍で休職処分になった森戸事件が起こった年でもありました。国際協調とファシズムがせめぎ合っていた１００年前のこの時代は、寛容と自制心が失われつつある現在と重なると指摘する識者もおられます。

ポストコロナ社会、Society 5.0、第四次産業革命、知識集約型社会といった社会の構造的変化は、他者と同じことができることに意味や価値があった時代から、他者とは異なることがよさや強みとなる時代への転換を意味しています。

にもかかわらず、誰が決めたわけではないものの、興味や関心、行動、考え方などにわたって「これが『普通』だ」と学校やクラスで共有されている認識と距離を感じている子どもたちは、クラスで浮いたり、排除されたりして生きづらさにつながることが少なくありません。

インターネットの使い方がＳＮＳとゲームに著しく偏るなかでの、[⑬]**学**

校カーストの息苦しさは、われわれ大人の想像以上でしょう。また、大人も子どもも情報技術や人工知能の飛躍的進化により、日常生活において自分にとって必要な、自分好みの情報だけに接して生きていくことが可能になっています。

その先に見えるのは、意見の異なる他者と向き合って対話するなかで納得解を見出す煩雑さから逃避し、人工知能（ＡＩ）や特定のリーダーにすべてを丸投げして依存するディストピアにほかなりません。

大人も子どもも、自立して異なる意見や立場、背景を持つ他者と対話し、納得解を形成することはコストもかかるししんどいことでもありますが、それから逃げてはいけませんよね。

さまざまなアイディアを出し合って創発的に対話、協働し、価値を生み出すという積極的な雰囲気が学校のなかであふれかえるようになるうえで、対話と協働を通じて「稼ぐ」という手段の目的は子どもたちの自立だということを、大きな歴史的背景も含めて共有することが、迂遠なようでいて最も大事なのではないかと思っています。

⑬「スクールカースト」とも言われます。学校のクラスなどの児童・生徒間で形成される序列のことです。

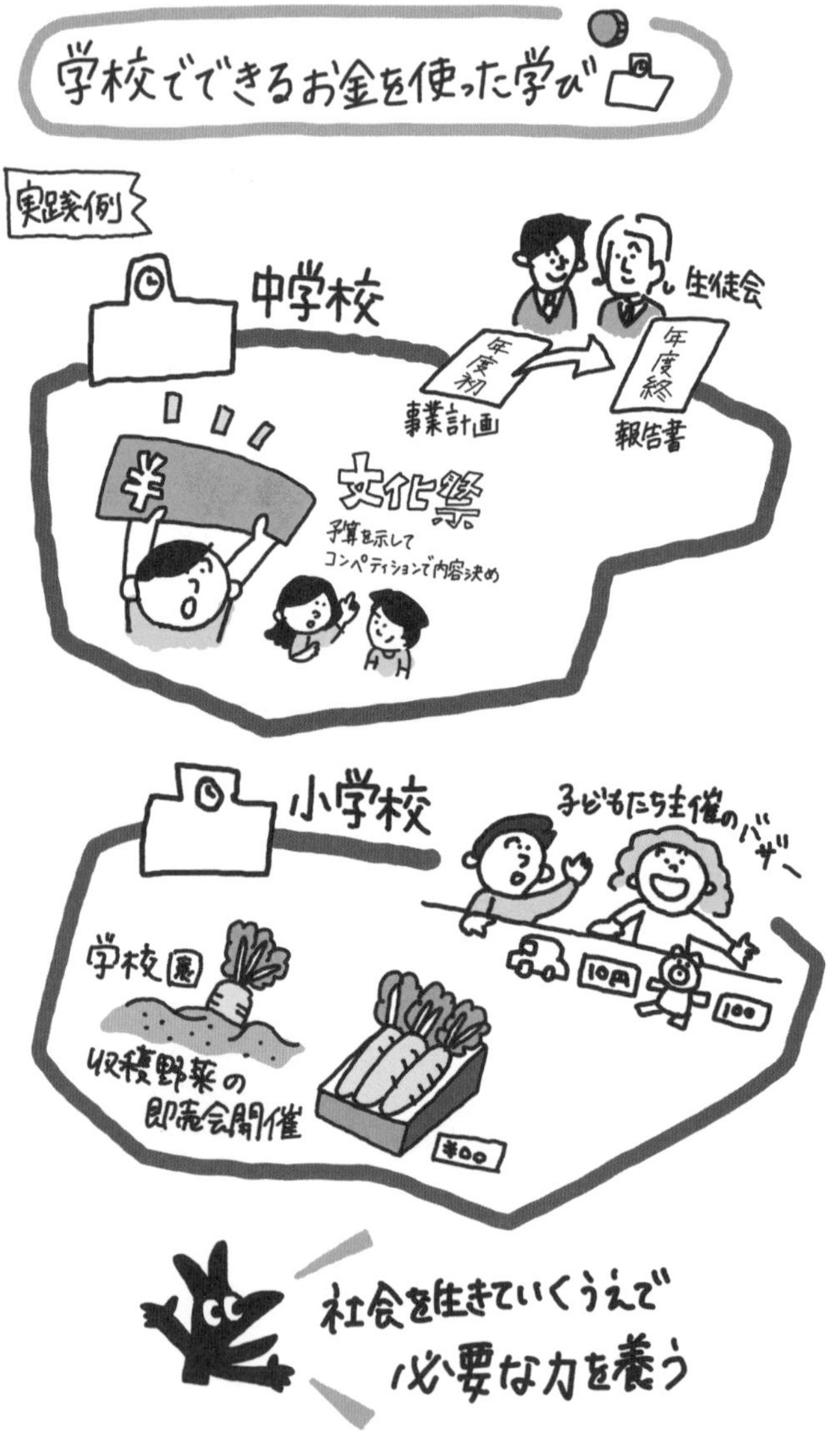
学校でできるお金を使った学び
実践例
中学校
生徒会
年度初
事業計画
年度終
報告書
文化祭
予算を示して
コンペティションで内容決め
小学校
子どもたち主催のバザー
10円
100
学校園
収穫野菜の
即売会開催
社会を生きていくうえで
必要な力を養う

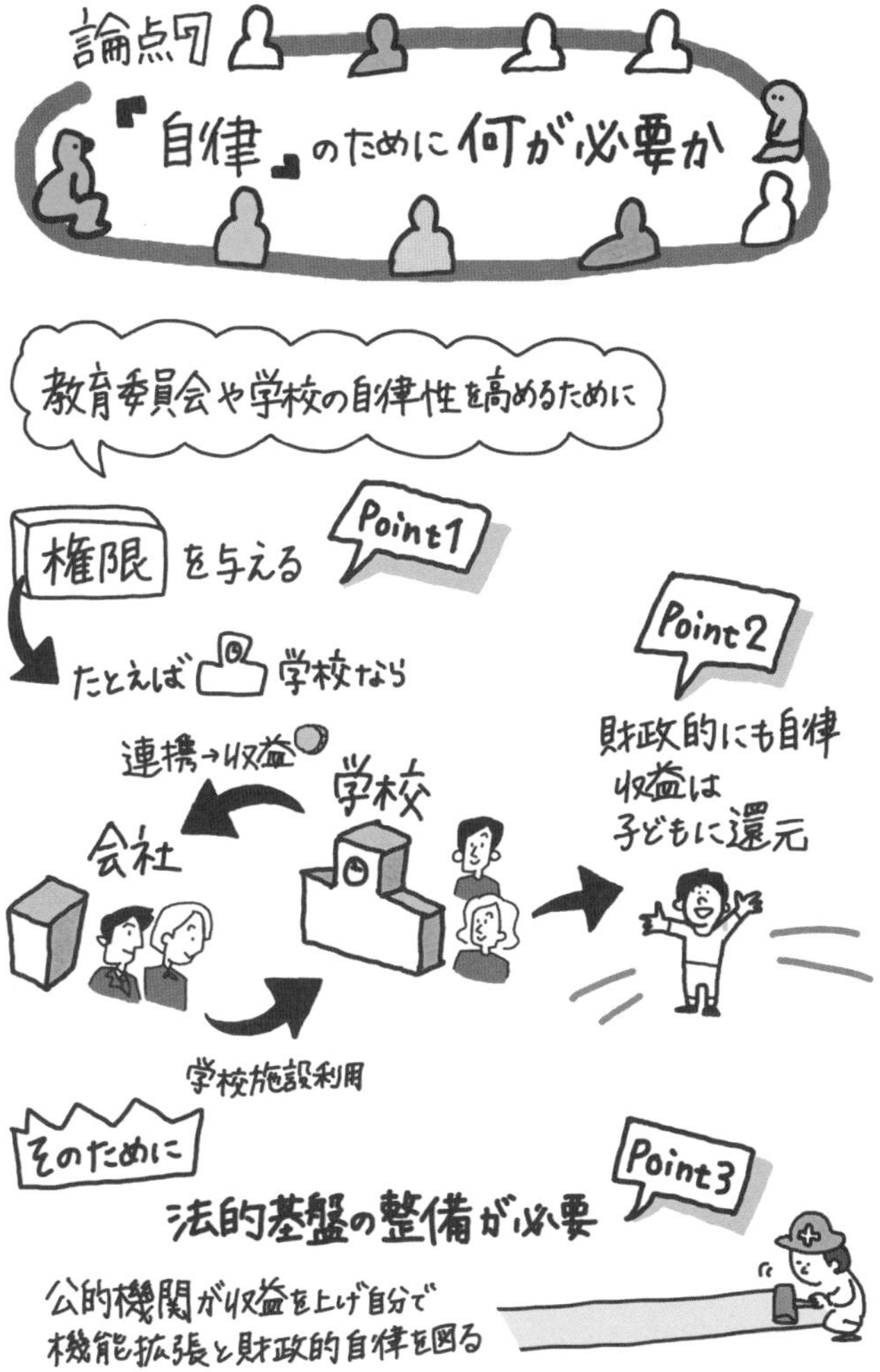
論点7
『自律』のために何が必要か
教育委員会や学校の自律性を高めるために
権限を与える
Point1
たとえば 学校なら
連携→収益
学校
会社
学校施設利用
Point2
財政的にも自律
収益は
子どもに還元
そのために
法的基盤の整備が必要
Point3
公的機関が収益を上げ自分で
機能拡張と財政的自律を図る

論点8

どのような制度・システムを整えていくべきか

「個別最適な学び」の構築、組織や個人の「自律」、多様性社会のなかでの「協働」……。これらを実現するためには、どのような制度・システムの整備が必要となるのか——。

「何のため」を問い続ける

木村　今後の制度設計において、やはり大切なのは「何のため」を問い続けること、最上位目的を忘れないことだと思います。たとえば、コミュニティ・スクールについてもそうです。

とある自治体で、コミュニティ・スクールに関連するシンポジウムに参加したときのことですが、私が教育委員会担当者に「コミュニティ・

スクールを導入したことで、学校に行けない子はいなくなってきましたか？」と聞きました。すると、その人は実に正直に「いえ、まだたくさんいます」と答えました。次に「❶**障害のある子が、地域と分断されるよ**うなことはなくなりますか？」と聞くと、「そんな空気は微塵もありません」とのこと。

さらに「それじゃあ、コミュニティ・スクールを導入した目的は？」と聞いたら、「全国に先駆けて、すべての市町村に導入をするのが目的です」とのことでした。

こうした話を聞くと、制度自体に対して「何のため」を問い続けることが大事だと改めて思います。

合田　教育は「内発を誘発するための外発」と言われます。何のためかという目的はその内発にとって最も重要な要素です。外発に対して、その目的を自分のなかでしっかりと理解しているからこそ、内発的な行動として反応するのだと思います。

❶特別支援学校の数は、さほど多くありません。障害のある子が特別支援学校を選択する場合、遠く離れた所へ通うことになったり、寄宿舎に入ったりすることも多く、そうした場合は地域と分断されてしまいます。

その意味で、制度も一つの外発です。制度は予算や税制、法令などで構成されていますが、「予算」は公費を投じることで、「税制」は税金を軽減したり、あるいは課税したりすることで、「法令」はルール（規範）化することで、社会の構造や一人ひとりの選択や行動の変容を図る外発的な手段と申せましょう。

しかし、この選択や行動が目的を共有したうえでの内発的なものにならない限り、必ず制度は形骸化したり、その制度を維持すること自体が目的化したりと朽ちてしまいます。

行政に携わる者は、そのことを肝に銘じて、常に目的は何かに軸足を置きながら、制度に関する多くの関係者との率直でフラットなコミュニケーションや制度の恒常的な見直しを図る必要があると思っています。

これからの教育のための制度的な課題

工藤　制度的な課題を整理すると、第一には先ほど申し上げたように学校が財政的に稼げる仕組みを国や自治体レベルで整えていくことです。

国や自治体からお金をもらわないと何もできないというのでは、話になりません。私が私学の校長になった理由の一つはそこにあります。自由度の高い環境で、新たなモデルを示す必要があると考えたからです。

第二に、公立学校の施設・設備を民間の企業・事業者等に貸し出せる仕組みをつくることです。科学技術が進展するなか、産学連携・産学融合を推し進めていくうえで、公立学校にもそうした仕組みが必要です。たとえば❷**校舎を建てる際の補助金**が足かせになっているようなら、その部分の法的な再整備も必要でしょう。

第三に、教員免許の取得要件をゆるくして、学校に多様な人材が入っていける仕組みを整えることです。「ゆるくする」と言うと角が立って対立構造が生まれるので、「時代にマッチしたものへ変えていく」と言ったほうがよいかもしれません。各学校が、優れた人材をすぐに採用できるように、制約を解いていく必要があります。

第四に、カリキュラムの自由度を高めることです。学習指導要領については、さらなるミニマム・スタンダード化を図るとともに、自由度が

編

❷「公立学校施設整備費負担金」と言い、各自治体が所管する学校の校舎を増築する場合等は、国から補助金が出ます。

高いものであることを周知していく必要があります。

また、今の子どもは学校が終わった後に塾へ行くなど、学ぶ時間が長すぎます。民間教育産業が日本経済を下支えしている側面も考慮し、民間事業者が学校のなかに入っていける仕組みをソフトランディング的につくっていく必要があります。これが進めば、教員の「働き方改革」も一気に進みます。

第五に学校の設置・運営形態の緩和を図ることです。日本に❸**チャーター・スクール**のような仕組みを入れると、危うい方向へ行くのではないかとの心配もありますが、もっといろんなタイプの学校があっていいし、多様化が進むなかで各学校の自律性も高まると思います。

合田　慶應義塾大学の中室牧子先生が、教師などの専門職の意欲を高める条件として、「裁量の大きさ」「専門職自身の成長」「目標」の3つをあげていました。

私も同感で、免許制度にしても教育委員会制度にしても文部科学省の

編

❸アメリカ合衆国で、従来の公立学校では改善が期待できない、さまざまな子どもの教育問題に取り組むために、親や教員、地域団体などが州や学区の認可（チャーター）を受けて設ける初等中等学校で、公費によって運営されています。

あり方にしても、現場レベルの裁量を拡大していくことと上位目的の共有のバランスが重要だと思います。

もう一つの課題は、教育界の多様性を高めていくこと。この二つの観点から改革をしていく必要性を感じています。工藤先生のご指摘をふまえて、より具体的に申し上げれば、情報端末など新しいメディアを駆使し、子どもたちの社会的自立を支える教育にとって、マネジメント、すなわち、ヒト（人材）、モノ、カネ、時間、情報、教育内容といったリソースの再配分、最適化が大事で、とくに今後は、カネ、時間、ヒト（人材）の再配分が必須です。

「カネ」は、公財政から学校徴収金に至るまで、教科書や教材・教具などはすべて紙ベースを前提としていますから、これを徹底的に再配分しなければなりません。

「時間」は、子どもにとっても教職員にとっても有限で、最も大事なリソースです。「最適化」にとって時間配分は重要な要素ですから、今回の中教審答申においても標準授業時数のあり方も見直すとしています。

そして「ヒト（人材）」です。教師に求められる資質も大きく変化するなか、学校のスタッフの多様性が重要になっています。同じ大学の同じ学部出身者で占められている組織は脆弱。社会において多様な経験や学びを重ねた人材の力を学校全体の機能強化に結びつけなければならないと思っています。

工藤　文部科学省の課題としては、事務のスリム化を図る必要があると思います。たとえば、調査もののなかには、[4]**教育課程の編成・実施状況調査**や全国学力・学習状況調査など、教育の最上位目的に照らして不要なものも少なくありません。名ばかりの目的を実現するために行っていることが、結果的に最上位目的の実現を妨げているようなケースもあります。こうした調査等を吟味して、排除していく。これは、文部科学省に限らず、すべての省庁に必要なことかもしれません。

また、審議会などの会議体については、そのあり方・進め方を見直すことです。現状は、いろんな委員に好き放題言わせて、それを少しずつ

編　[4]文部科学省の初等中等教育局教育課程課教育課程企画室が実施している調査で、全国の学校の授業時数、授業日数、小学校の教科担任制の実施状況、土曜授業の実施状況などの調査項目があります。

盛り込んでパッケージ化していますが、これでは最上位目的を損ねてしまうようなものまでまぎれ込んでしまいます。

木村 文部科学省の調査ものについて言えば、子どもたちの本当の姿が反映されているように思えません。困っている子がいても、学校がそれを見ようとしなかったり、子どもがそれを見せようとしなかったりする状況があります。そんななかで数値だけが文部科学省にあがり、それをもとに制度や施策が立てられています。この仕組みには、もはや限界があるように思います。

文部科学省・教育委員会・学校間の双方向のコミュニケーションを

木村 一方で、文部科学省がやっていることのなかにも、子どもの未来を見据えているものはあります。「主体的・対話的で深い学び」なんて、「待ってました!」という感じでした。

でも、「伝言ゲーム」で現場におりてくるなかで、全く違う色のものになっている。加えて、現場の校長がそれを主体的に読み解かないことから、さらなる混乱を招いています。結果として、子どもたちが分断されたり、教員の負担が増えたり、教師という仕事に夢を持つ大学生が減ったりするわけです。

合田　木村先生の「伝言ゲーム」というご指摘はまったくそのとおりだと思います。今２０００人ほどの先生方とつながっているFacebookで現場の声を聞くと、われわれが思い描いていることとまったく違うことが起きていることが珍しくありません。

ＳＮＳの情報には「波」があって、ある時期から「子どもの様子がおかしい」「子どもたちが苦しんでいる」といった情報が、同時多発的に生じることがあります。もちろん、それらの情報のすべてが正しいわけではありませんが、少なくとも霞が関にいるだけでは絶対に得られない情報が、ＳＮＳ上には流れてきます。

これまで、文部科学省・教育委員会・学校間のコミュニケーションは縦のラインで行われてきて、その結果として「伝言ゲーム」になっていた側面があります。これからは、教育行政の連鎖が縦に一直線に連なるのではなく、円形状に相互にダイレクトにつながり、アイディアや情報が即座に流通するとともに、当事者意識に基づいた対話を通じ「当たり前」にとらわれない新しい解や納得解を共有することができる教育行政への転換を仕込みたいと思っています。

文部科学省の課題解決に向けた「最上位目的」の共有

合田　東北大学の青木栄一先生などの研究者グループが、**文部科学省の職員の意識調査の分析結果などを『文部科学省の解剖』という本にまとめました。**[5]

この研究によると、文科官僚の特徴として、「首相官邸とのコミュニケーション・チャンネルがない」「財務省に対して服従的とも言える姿勢」「経済産業省に対して苦手意識」「族議員・審議会は信頼」「地方自治体、国立大学、関係団体に対しては優位な位置にあると認識」とあります。

編　❺調査結果は、青木栄一編著『文部科学省の解剖』（東信堂）に掲載されています。

最後の一つはわかりづらいと思いますが、要するに大学や教育委員会や学校に対しては上から目線ということ。文部科学省には、こうした内向きで権威主義的な体質があるわけです。

私自身は、意識調査から指摘されたこの文部科学省の固有の特徴とは真逆の方向を意識的に目指してやってきました。結果として、文部科学省のなかではある種の「黒い羊」になっていて、2018年に経済産業省の浅野大介・サービス政策課長と経済産業省のWeb上の広報誌で対談したことは、文部科学省ではずいぶん悪し様に言われましたし、省内の予定調和を乱す使いづらい職員だと思っている幹部も多いと思います。

先ほど学校現場の多様性を高めることの重要性について述べましたが、文部科学省も同じだと思います。2019年度は、10人単位で若手職員が文部科学省を去りました。

彼ら彼女らは「❻**官僚になりたい**」と思って文部科学省に入ったわけではなく、「教育にかかわりたい」と思って入ってきたわけですから、それができないとなれば転職するのは当然です。

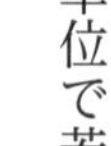

❻余談ですが、私が1992年に文部省に入ったときは、祖父が「我が一族からついに高等文官が出た」と大喜びしたものです。今はもう、そんな時代ではありません。

以前、東大法学部を卒業して文部科学省に入省し、1年間の派遣研修として特別免許状で公立小学校の教壇に立ったところ、これこそ自分の天職であると通信教育で小学校教員免許を取得して、小学校教師に転職した女性もいました。NPOや教育系ベンチャー、人材関係の企業、コンサルティング会社、日本財団などの公益団体に転職する人も多いですね。私は個人的にこれらの転職を肯定的に捉えています。

問題は、こうした人たちが文部科学省に戻ってくることができる仕組みが現状、存在しないことです。彼らが現場や民間で積み上げた経験は、絶対に教育行政に生かせるはずで、そうした仕組みをつくり、彼ら彼女らに戻ってきてもらえるにふさわしい文部科学省に転換することの必要性を強く強く感じています。

学校は日々、学校として全体最適化を図りつつ、あらゆる側面から子どもたちと向き合っています。一方、教育行政は「縦割り」で、文部科学省の初等中等教育局一つとっても、初等中等教育企画課、財務課、教育課程課、児童生徒課、幼児教育課、特別支援教育課、情報教育・外国語教育課、教科書課、健康教育・食育課などに分かれています。

どの課ももちろん誠心誠意業務に取り組んではいるものの、それぞれの課がそれぞれのルートで、学校現場に施策や情報を伝えている。これでは部分最適で、その矛盾や無理を学校に押し付けることになっていることは否定できません。

これらの課題の解決に向けて、優先順位を決めて取り組んでいく必要がありますが、その際に何を基準にするかと言えば、私たちがこの座談会で繰り返し話してきた「最上位目的」です。これを共有したうえで、文部科学省としてプライオリティ・セッティング（優先順位の設定）をしていく必要がありますし、私自身がどんな手を打ってでもそのことを実現したい。そんな思いをこの座談会を通じて改めて強くしました。

教員養成のあり方を変える

工藤　最後に一つ、これだけは言っておきたいのは、やはり大学の教育学部を変えていく必要があるということです。いまだ「板書が大事」と言い、そのための技術を学生に教え込んでいるわけですが、これが学校の「最上位目的」からズレていることは、この座談会で話してきたとおりです。書くこと、読むことに重きが置かれすぎていて、読解力一つとっても、へんてこな解釈が世の中にまかり通っている。
　教育学は、もっと科学をエビデンスにしたものに変わっていくべきで、教職課程にも⑦**ビッグデータ**や脳科学などを取り入れていく必要があります。

合田　大学について言えば、たとえば、ご専門の工藤先生の前で恐縮ですが、理学部数学科における数学教育への期待と、教育学部教員養成課程数学専攻における伝統的な数学科教育の考え方の間にはさまざまな意味で大きなズレや溝があると、二度の学習指導要領改訂の担当をしていて感じています。
　⑧**1998年の学習指導要領改訂に**おいて、総合的な学習の時間を週3コマ確保するため各教科の授業時数が大幅にカットされましたが、たと

編 ⑦従来のデータベース管理システムなどでは記録や保管・解析が難しい巨大なデータ群のことです。学習履歴、行動等のさまざまな「教育ビッグデータ」を活用することで、「公正に個別最適化された学び」の実現が目指されています。

⑧学校完全週5日制の導入などもあり、この時の改訂では教育内容の大幅なスリム化が図られました。結果的に、この時の学習指導要領が「ゆとり教育」だとして世間から批判を浴びることになりました。

えば、小・中学校の算数・数学では、「確率・統計」といった子どもたちにとって算数・数学を学ぶ意義を実感するうえで最も適切な分野が大きく削除されました。

伝統的な数学科教育の世界では、何かの役に立つ算数・数学という発想は好まれず、算数・数学自体の美しさやよさを学んでほしいと思っているので、確率・統計は重視していないのですとの説明を受け、ずいぶん違和感を持ったことを記憶しています。

withコロナの状況のなかで、わが国において社会が冷静にウイルスと向き合えない背景の一つには、私たちが感情的な白黒二元論を乗り越え、トレードオフといった合理的な合意形成を行うためのものの見方や考え方を共有していないことがあると思います。

中学校や高校の数学において一次関数や二次関数を学ぶのは、もちろん関数の学びを通して数学のよさを理解したり、もっと露骨に言えば数学のテストでいい点数をとったりすることが目的であることは否定しませんが、私は、関数を新型コロナウイルス感染症の感染拡大の防止に関するトレードオフといった社会問題の解決に関連づけて考えさせる授業を、ぜひしていただきたいと思っています。

そんな教育学部をめぐるある種のズレとともに、今の教員免許制度は、教壇に立つうえで必要なものは、教科指導から生徒指導に至るまで、すべて大学で「叩き込む」という仕組みになっています。

そうではなく、工藤先生の話にもあった脳科学や認知科学など、「学ぶこと」や「成長すること」の基本は共通に教えるものの、教科教育や生徒指導については、専門学部におけるより専門性の高い学びと学校現場における具体的な経験との往還で学んでいくほうが、これからの学校を担う教師にとってはプラスだと思っていますので、このような観点から教員免許制度と教員養成のあり方を変えていく必要があると思っています。

この話を以前、経済産業省の浅野課長にしたところ、「それまで待てない」と言われましたが（笑）、時間がかかってでも、しっかりと取り組んでいく必要があると考えています。

工藤　それにしても、こういう場に、文部科学省のトップにいる合田さんがわざわざ出てきてくれていることが、とてもありがたいです。私自身、何とかしなくてはいけない、自分ができることはもっとないだろうかと考えさせられます。

*

木村　考えてみたら、「アンチ教育委員会」で生きてきた私が、合田さんとこうして話をしていること自体、奇跡的です。もう少し遠慮して、忖度して話をしないとダメなのかもしれませんが、何の気を遣うこともなく、安心して話をできるのが、合田さんのお人柄なのだろうなと思います。

合田　われわれ文部科学省は、お二人がいらっしゃることでずいぶんと助かっています。たとえば、財務省主計局に予算要求をする際、大空小や麹町中という実例を見せられることが非常に大きいのです。「お前の言っていることは理想論だろう」とか、「夢物語だろう」とか言われても、「そうではありません」と言い切ることができます。私のほうこそ、少しでも御両所をお支えできることをしたいと思っています。

文部科学省の
『最上位目的』を検討し共有
目的
事務のスリム化
全く違う内容に
文科
教委
学校
文科省
円形状につながる
学校
教委
大学の教育学部の変革
黒板だけでいいの?
より科学をエビデンスにした教育学に
合理的な合意形成のための
ものの見方や考え方を共有
教員養成
専門学部での学び
と
学校現場での経験
との
往還

論点8
どのような制度・システムを整えていくべきか
大前提
最上位目的を忘れない
コレ!
Point 1
「何のため」を問い続ける
学校の自律性を高めるための仕組みづくり
教員免許
取得要件の
多様な人材
緩和
公立学校の設備・施設を民間の企業・事業者etcに貸し出し
学校が財政的に稼げる
Point 2
設備・経営緩和
多様なタイプの学校
ヒト
モノ
カネ
時間
情報
教育内容
etc
リソースの再分配・最適化

エピローグ　座談会を終えて

「自分の言葉」で語る

木村泰子

この座談会では、文部科学官僚の合田さんが、自らの言葉で率直な思いを語ってくださいました。どれだけ矢が飛んで来ようとも、教育を変えるためにはリスクを恐れず、前へ進まねばならない。そんな決意を感じました。そのような方が文科省のリーダーとしておられることに大いなる可能性を感じ、学校現場も主体的に自校の学校づくりを進化させるときだと確信しました。

世の中を見渡せば、「自分の言葉」で自分の考えを語れない人があふれています。政治家の言葉も、組織や派閥の論理で語っているから、何一つ国民の心には響きません。ビジネスの世界においても、外国の人から「あなたはどう思う?」と意見を求められ、何も答えられずに詰まってしまうエリートが多いと聞きます。

自分の思いを言葉にできないのはなぜか――それは学校教育が、そういう人間を育ててきてしまったからです。学校では、自分の思いを言葉にすると「みんなと違う」と言われ、「変わり者」のレッテルを貼られます。だから多くの子は自分を押し殺してみんなに合わせようとしています。

合わせられない子は学校に居場所を持てなくなります。そうした教育を小・中9年間も受ければ、誰だって「自分の言葉」で語れなくなるでしょう。

以前、私がある小学校で5年生の道徳のゲストティーチャーを務めたときのことです。授業の冒頭、私が「この授業に正解はありません」と言うと、「えー！　自分の考えを言ってもいいの？」とつぶやいた子どもがいました。

驚いた私は、みんなは授業中に自分の考えを伝えないのかと聞くと、「正解を言わないといけないから……」と、子どもたちの言葉が止まりました。この道徳の授業は、校長はじめ教員たちが周りで参観しています。子どもたちなりに気を遣ったようでした。

普段は挙手による指名を徹底され、「正解」を求められているのでしょう。子どもたちは「何を言ってもいいの？」「指されなくてもいいの？」と目を丸くしました。そこで、本時のテーマ「自分から　自分らしく　自分の言葉で語る」を子どもたちと共有しました。

最初に「みんなはどんなときに幸せを感じる？」と言葉をかけると、次から次へと不規則発言が教室中に飛び交います。ときおり、発言がかぶることもありますが、子どもたちは譲り合いながら、自分の考えを出し合っていきます。そんななかでずっと黙っていて気になる子がいたのですが、ぱっと立ち上がり「つらいことがないとき」と言ったのです。その瞬間、教室の空気が一変しました。

そこで私は「それじゃあ、みんなはどんなときがつらい?」と問うと、「仲間に入れてもらえなかったとき」「自分がしゃべって笑われたとき」「自分のことをわかってもらえないとき」などの意見が出てきました。気になっていたその子は「ひとりぼっちのとき」と語りました。そこで、「じゃあ、どうすればつらいときに大丈夫になる?」と問いかけると、その子が「自分の言葉で思っていることを伝えればいい」と言いきりました。

そんな感じで45分の授業が終わりました。子どもたちは私に「もう帰るの?」「もっといてよ」「今度いつ来る?」などと言って別れを惜しんでくれました。その後に開かれた研修会で、私が先生方に伝えたのは一つです。

「あの子たちは私を求めているのではありません。自分の言葉で語る授業を求めているのです」

長きにわたり、日本の学校は「教師は教えるプロ」の言葉のもとに、教師が正解を持ち、子どもたちのありのままの言葉をつぶしてきました。

今こそ、それを取り戻すときです。高度な技術はいりません。誰にだってすぐにできます。「学びのプロ」に徹すればいいのです。

今後、日本はますます多様性社会に向かっていきます。その社会を生きるうえで必要なのは、「柔軟な対応力」と「自分と異なる他者への尊重」です。そして、そのために不可欠なのは、「自分か

ら　自分らしく　自分の言葉で語る」ことが当たり前に大事にされる学校の空気です。

そうした「見えない学力」を養うためにも、子どもが「正解のない問い」と向き合っていくことを教育の最上位目的に置かねばなりません。知識・技能などの「見える学力」は、「見えない学力」という土俵があって初めて発揮されるのです。

日本では、過去2年間で649人もの小・中・高校生が自ら命を絶ちました（文部科学省「児童生徒の問題行動・不登校等生徒指導上の諸課題に関する調査」）。学校に行けない子も年々増え続けています。学校は多くの法律や規制、学習スタンダードなどで縛られていますが、学校関係者が今こそ目の前の子どもと向き合い、従前の「当たり前」を断捨離してくださることを願います。子どもの「命」以外に学校が守るべきものはありません。

「対話・合意形成」を通して「当事者」になる　工藤勇一

最近、私は講演会でよくＥＵ（欧州連合）の話をします。ＥＵは、欧州の平和と共存・共栄を目的につくられた組織ですが、国は自国の利益を優先するのが当たり前ですから、通常、多くの国が加盟に及び腰になります。関税をゼロにしたり、国境の移動を自由にしたりなどの取り組みは、自国の産業構造に大きな影響を与え、一部の国民の生活の利益を損うことに直結するからです。しかし、欧州各国はリーダーが自らの言葉で国民に語りかけ、実に27もの国が加盟するに至りました。考えてみれば奇跡的なことです。

欧州はこれまで、何千年にもわたって戦争を繰り返してきました。第一次・第二次世界大戦では、多くの国々が焦土と化し、何千万人もの尊い命が奪われました。そうした歴史を経て、「自国の利益を度外視してでも、戦争をしてはならない」という最上位目的を共有するに至ったわけです。

科学技術が進化するなか、現代社会はどこかの一国が暴走すれば人類が滅びるリスクを抱えています。なによりそのことを痛感しているのが、戦争を繰り返してきた欧州の人たちです。

そして、世界・人類を存続させるためには、多様な人々が違いを理解しながら対話し、合意形成を図ることが不可欠です。今、世界各国で教育改革が進められているのは、そうした危機意識に直面しているからです。

日本の教育関係者のなかに、こうした世界的潮流を理解している人がどれだけいるでしょうか。「主体的・対話的で深い学び」にしても、「これをすれば学びの質が高まる」程度にしか捉えていないのではないでしょうか。「ＳＤＧｓ」にしても、社会貢献的なものと思っている人もいるのが現実です。

一方、欧州の多くの人たちは、地球・人類の存続を本気で考えています。だから、ＳＤＧｓの理念を無視して自社の利益だけを追求するような企業があれば、不買運動が起こります。リーダーはもちろん、一般市民も当事者意識を持っているからです。

一方で日本は、多くの人々が当事者意識を失っています。平和も自由も権利も、お上（国）が与えてくれるもので、自分たちが国や法律をつくっているという意識がありません。そしてその原因の一端は、学校教育にあります。

麹町中学校の校長時代は、宿題や定期考査、固定担任制の廃止がクローズアップされました。でも、それらは手段に過ぎません。目指してきたのは、「異なる他者との対話を通じて合意形成を図る」というプロセスを、子どもにも、教職員にも、保護者にも経験してもらうことにより、それぞれが「当事者」になることです。

これは、多様なステークホルダーが集う麹町中において、きわめてむずかしいミッションでした。よく、「あの改革は、麹町中だからできた」と言われますが、私はむしろ「麹町中でできたなら、日本全国どの学校でもできる」と考えています。

世界中がこうした教育の重要性を認識し、教育改革に本腰を入れるなか、日本では相変わらず国際学力調査の順位に行政も学校も保護者も振り回されています。その結果、子どもたちは朝から晩まで勉強漬けにされ、民間教育市場は2兆7700億円にもふくれあがっています。

今、必要なのは、教育の最上位目標をきちんと掲げ、文部科学省や経済産業省など、各省庁が連携しながら、子どもに真に必要な教育環境とは何かを考え、新しい仕組みをつくりあげていくことです。

その過程で、公教育（学校）のなかに民間教育（塾や習い事）を取り込んでいくことも必要でしょう。たとえば、部活動をアウトソーシングし、教職員が退勤後に副業としてそこで働くといったことも現実味を帯び始めていると思います。

このように、公教育と民間教育の融合が進めば、子どもたちの「学びだけに偏った忙しすぎる生活」も正常化されていくでしょう。私も、これから私学の校長としてそうした改革に取り組み、その道筋をつけていきたいと考えています。

「メタ認知」「ワクワク感」「覚悟と戦略」　合田哲雄

私がこの座談会でとくに知りたいと思ったのは、木村泰子先生、工藤勇一先生という教育界の当代のスーパースターが、どのようにしてインディペンデントな（独立した・自由な）「改革者」

になられたのかということでした。だからこそ、この対談では、教育者としての御両所の歩みや大空小学校、麹町中学校における卓越したマネジメントについての思い、ロジック（論理）や戦略について詳しくお聞きしました。

10時間に及ぶ座談会を通じて、御両所に共通するのは、目の前の状況を俯瞰してより構造的に捉える「メタ認知」する力、どんな状況にあってもよりおもしろく、より創造的に教育活動をする「ワクワク感」を大人とも子どもとも共有したいという思い、そして同調圧力や場の空気に流されずに常に最上位目的を見据えて判断し、実行する「覚悟と戦略」だと痛感しました。

この座談会で、御両所が校長として教育委員会や保護者、地域の方々と真剣に胸を張って対話し、筋を通すシーンが何度か出てきます。意見の異なる他者と対話し、「納得解」を形成することは決して容易なことではなく、むしろ面倒なことです。同調圧力や場の空気に流されたほうがその瞬間、その瞬間は楽に違いありません。

しかし、流される校長の様子を見ている同僚や子どもたちの多くは思うことでしょう。「お上の言うことや場の空気に従うに如くはなし」と。そして、その意識は確実にわが国の民主政を侵蝕します。

そんな状況を毅然と、しかし柔らかく打開する御両所のお話を聞いて、私はなによりも文部科学省の職員としての自分自身のあり方を内省しました。

座談会でも申し上げましたが、150年前、労働力だった子どもたちを国が強制的に学校に集め、近代教育をスタートさせることは並大抵のことではありませんでした。実際、学制反対一揆が各地で起こりました。

また、学校という社会制度の成立には、それを動かすソフトが必要で、「国語」はその典型ですが、明治8年に宮城師範学校長から文部省報告課に異動した大槻文彦が、文部省職員として近代国家や近代教育にとって不可欠な国語辞書編纂と格闘し、『言海』を完成させるに当たっての苦労も相当なものだったと思います（そのことは、高田宏『言葉の海へ』〈新潮文庫〉が鮮やかに描き出しています）。当時の文部省は、これらを不退転の決意で取り組み、近代教育を構築しました。

今、社会の構造的変化やテクノロジーの進化のなかで、150年前と同じ転機を迎えています。だからこそ、今、これまでのわが国の教育の蓄積を活かしてこれらをさらに進化させるために、子どもたちの社会的自立という教育の目的を実現するための手段である学校や教育の制度や枠組みについて二項対立の発想から脱し、その「当たり前」を見直す必要があります。

150年前、〝学校〟も〝国語〟も決して「当たり前」ではありませんでした。日本政治外交史研究の第一人者である北岡伸一先生の最新著『明治維新の意味』（新潮選書）を読むと、明治維新を始点とする近代化のプロセスは「既得権益を持つ特権層を打破し、様々な制約を取り除いた民主化革命、自由化革命であり、人材登用革命」であったことを実感します。現実主義的で結果重視の大久保利通や伊藤博文といったリーダーは藩閥にこだわることなく優秀な若い人材を集めるのに必死で、このことが文部省をはじめ各省庁の官僚の知的な自律性をもたらしました。明治政府においては、郷党のしがらみといった当時の「当たり前」を超越して、わが国を近代国家として自立させるという最上位目的が共有されていたことに、霞が関で仕事をしている私どもは改めて思いを致す必要があると痛感しています。

今時点では私は、文部科学省の職員としてまだまだ力不足ですが、今回の御両所との対談を通じ、残された文部科学省における在任期間のなかで、意見の異なる他者と「自分の言葉」で対話を重ね、子どもたちが「持続可能な社会の担い手」となることをしっかりと支えられるように、「メタ認知」「ワクワク感」「覚悟と戦略」をもって職務に当たらねばという思いを新たにいたしました。そしてそのことを文部科学省の若い世代に確実に引き継ぎたいと思っています。

今回、このような得難い機会をいただきました木村泰子先生、工藤勇一先生、岡本淳之編集長をはじめ教育開発研究所の皆様に心から感謝申し上げます。

学校の未来はここから始まる

―― 学校を変える、本気の教育論議

2021年３月20日　第１刷発行
2021年９月10日　第２刷発行
2023年４月１日　第３刷発行

著　者　木村泰子　工藤勇一　合田哲雄
発行者　福山孝弘
編集担当　『学校の未来はここから始まる』プロジェクトチーム
（岡本淳之・桜田雅美・金子直人・佐伯拓磨・松島響子）
発行所　株式会社教育開発研究所
〒113-0033　東京都文京区本郷2-15-13
TEL.03-3815-7041　FAX.03-3816-2488
URL　https://www.kyouiku-kaihatu.co.jp/

装幀デザイン　竹内雄二
制作協力　株式会社コンテクスト
デザイン＆DTP　shi to fu design
カバー帯写真　鈴木俊平
グラレコ・イラスト　黒木あゆみ
印刷所　株式会社光邦
ISBN　978-4-86560-535-8